Stéphane Etrillard

16 Impulse
für mehr Souveränität

Best of Stéphane Etrillard
Jubiläums-Edition

Edition Forsbach

Bibliografische Information der Deutschen Nationalbibliothek

Die Deutsche Nationalbibliothek verzeichnet diese
Publikation in der Deutschen Nationalbibliografie;
detaillierte bibliografische Daten sind im
Internet über http://dnb.d-nb.de abrufbar.

Edition Forsbach
Leben ist Mee(h)r

© Edition Forsbach, Fehmarn 2015

www.edition-forsbach.de

ISBN 978-3-943134-41-4

Coverdesign, Lektorat: Dr. Beate Forsbach

Satz: Stefanie Weber, Top Performance Group GmbH

Fotos: © Sylke Gall | Berlin – Köln |
www.sylkegall.com

Druck: CPI books GmbH Leck

Printed in Germany

Inhaltsverzeichnis

Viele Fragen werden in dieser Jubiläums-Edition aufgeworfen und beantwortet. Für weitere Antworten Ihrerseits und womöglich auch Fragen bin ich sehr dankbar.

Den Dialog mit meinen Lesern und Seminarteilnehmern empfinde ich immer als sehr bereichernd. Ich freue mich daher auch, wenn Sie mir als Leser(in) Ihre Eindrücke nach dem Lesen in einer kurzen Nachricht schildern.

Hier meine Kontaktadresse:

Stéphane Etrillard

Top Performance Group GmbH
Schloss Elbroich
Am Falder 4
D-40589 Düsseldorf

Tel: +49 - (0)211 - 936 7777-0
Fax: +49 - (0)211 - 936 7777-1

www.etrillard.com

info@etrillard.com

Vorwort

Anlässlich meines 20-jährigen Jubiläums als Trainer, Speaker und Coach erscheint dieser Sonderband mit 16 exklusiven Beiträgen. Sie bieten einen repräsentativen Querschnitt durch mein Schaffen und dienen als Quelle der Inspiration für ein souveränes und damit erfolgreicheres Auftreten.

Gerade der Erfolg im Beruf ist eng mit kommunikativen Fähigkeiten verwoben. Doch zielorientiert miteinander zu reden und sich effektiv zu verständigen, ist längst nicht so einfach, wie es zunächst erscheinen mag. Wir alle werden tagtäglich bei sämtlichen zwischenmenschlichen Beziehungen auch mit Kommunikationsproblemen konfrontiert, insbesondere auch im Beruf. Einerseits besteht die Schwierigkeit, genau zu formulieren, was wir meinen und Worte zu finden, die den Gesprächspartner überzeugen – außerdem gilt es, auch unser Gegenüber richtig zu verstehen. Wer das eine ebenso wie das andere beherrscht, wer also in der Lage ist, andere mit Worten zu überzeugen, sich gegen abweichende Meinungen zu behaupten und dabei die Gesprächspartner zutreffend einzuschätzen, wird als souveräne Persönlichkeit wahrgenommen und kann damit auch hohen Anforderungen souverän entgegentreten.

Die Gesamtheit der menschlichen Kommunikation ist ein Zusammenspiel mehrerer Verhaltensweisen, Eigenschaften und zielgerichteter Handlungen, von denen das Sprechen nur eine unter mehreren ist. Mit der Kommunikation sollen Botschaften der unterschiedlichsten Art möglichst präzise übermittelt werden, auch dann, wenn es sich dabei um sehr komplexe Sachverhalte handelt. Damit noch nicht genug: Die Interaktion soll derart durchgeführt werden, dass Missverständnisse möglichst ausgeschlossen sind, und die Kommunizierenden sollen eine störungsfreie Beziehung zueinander herstellen. Sämtliche Störfaktoren sind zu vermeiden, damit keine Konflikte entstehen und die Kommunikation unbelastet und ohne Reibungsverluste stattfinden kann.

Außerdem gilt es nicht nur, auf den Gesprächspartner zu achten und ihm Aufmerksamkeit zu schenken – wir selbst wollen uns dabei in ein gutes Licht rücken, schlagfertig, eloquent und geistreich erscheinen und unsere Ziele durchsetzen. Kurz, wir wollen die Regeln der Kommunikation beherrschen und dabei eine gute Figur machen, bestenfalls rundherum souverän auftreten.

Das Repertoire unserer Ausdrucksmöglichkeiten ist dabei nahezu unerschöpflich. Neben der verbalen Sprache spielt die Stimme eine ebenso wesentliche Rolle wie die gesamte nonverbale Kommunikation, zu der – was zuweilen vergessen wird – auch das äußere Erscheinungsbild eines Menschen zählt. Unsere Kommunikation ist also überaus komplex und basiert in ihrer Gesamtheit auf einer Vielzahl von Faktoren, die mit anderen ein kontinuierliches Wechselspiel eingehen. In Anbetracht dieser vielschichtigen Struktur scheint es einer Gratwanderung gleichzukommen, wollen wir nicht gegen die Regeln einer gelungenen Kommunikation verstoßen und in eines der zahlreich bereitstehenden Fettnäpfchen treten.

Wo die Kommunikation als solche bereits so komplex ist, herrschen folglich unzählige Regeln und Gesetzmäßigkeiten, die es zu kennen gilt. Die wesentlichen dieser Punkte werden in den folgenden Artikeln, die jeweils ein spezielles Gebiet angewandter Kommunikation behandeln, praxisorientiert erläutert.

Alle Artikel geben Ihnen Tipps und Möglichkeiten an die Hand, einen eigenen effektiven Kommunikationsstil auszubilden und damit insgesamt souveräner aufzutreten. Hierbei werden auch wichtige Sonder-formen der Kommunikation (wie Verhandlungen, Krisenkommunikation und Methoden der besseren Selbstvermarktung) behandelt, denn gerade in heiklen Situationen behaupteten sich meist diejenigen, die eine rhetorisch versierte und insgesamt souveräne Kommunikation pflegen.

Viel Freude bei der Lektüre wünscht Ihnen

Ihr Stéphane Etrillard

1. Was ist Souveränität?

In der Praxis wird der Begriff Souveränität oftmals falsch verstanden. Dementsprechend sind wir manchmal überzeugt, dass wir überaus souverän auftreten und auch wirken, während sich unser Gegenüber zugleich aber ein ganz anderes Bild von uns macht. Souveränität wird nur zu gern verwechselt mit Überheblichkeit, Selbstprofilierung und sogar autoritärem Verhalten.

Genau das alles bedeutet echte Souveränität natürlich nicht. Um Souveränität, also auch Charisma, auszustrahlen, benötigt man allerdings sehr wohl ein ausgeprägtes Selbstbewusstsein. Aber in dem Sinne, dass man sich seiner Selbst mit allen Facetten der eigenen Persönlichkeit tatsächlich bewusst ist. Selbstbewusstsein ist eine Vorbedingung einer souveränen Ausstrahlung. Erst wenn wir uns unserer Stärken und Schwächen gleichermaßen bewusst sind und dabei auch unsere Wirkung auf andere genau kennen, sind wir uns tatsächlich unserer Selbst bewusst.

Fragen Sie sich also ganz ehrlich, wie Sie sich selbst sehen, was Ihre Stärken und Schwächen sind, und fragen Sie andere (am besten gute Freunde), wie Sie auf andere wirken. Häufig leben wir mit einem verzerrten Selbst- und/oder Fremdbild, das nicht der Realität entspricht. Versuchen Sie, sich beider Faktoren bewusst zu werden und sie möglichst in Einklang zu bringen. Ein aufgesetztes Verhalten mit dem Ziel, den Schein zu wahren, wirkt letztendlich immer gekünstelt und unecht, es verhindert damit echte Souveränität.

Tatsächliche Souveränität erfordert Authentizität, dadurch erst werden Sie glaubwürdig, wirken überzeugend und hinterlassen einen nachhaltigen Eindruck. Alle unbewussten oder unterdrückten Ängste dagegen verhindern Souveränität. Deshalb sind souveräne Menschen auch in der Lage, ihre Schwächen zu zeigen und ihre Ängste und Zweifel zu akzeptieren. Eben weil niemand vollkommen ist, ist es auch ein Irrglaube, anderen permanent Vollkommenheit suggerieren zu müssen. Vielmehr sind es oft die kleinen Unzulänglichkeiten und Eigenarten, die von anderen positiv aufgefasst werden – und zwar dann, wenn man zu ihnen steht, anstatt sie zu kaschieren.

Echte Souveränität steht für wirkliches Selbstbewusstsein, unterstreicht Ihre Glaubwürdigkeit, weckt Interesse, erzeugt Aufmerksamkeit und macht charismatisch. Deshalb ist Souveränität ein so bedeutender Faktor für das Gelingen von Gesprächen und Verhandlungen. Sie offenbart sich dabei auch in einer Vielzahl verbaler und nonverbaler Signale. Erst mit der Kongruenz von verbalen und nonverbalen Signalen beweisen Sie ganze Souveränität. So verliert auch ein gut formuliert vorgetragenes Argument schnell an Gewicht, wenn dabei Ihre Stimme vibriert oder Ihre Mimik Unsicherheit verrät; wenn Ihre Stimme aber überzeugt klingt und Ihre Worte zusätzlich von der Mimik getragen werden, erhöht das Ihre Glaubwürdigkeit und Überzeugungskraft ganz ungemein.

All das, was eine starke Persönlichkeit und ihre Ausstrahlung ausmacht, vereinigt sich in dem Begriff der persönlichen Souveränität: Eigenschaften wie Selbstbestimmung, Verantwortungsbewusstsein, Sicherheit und Gelassenheit, ein gutes Selbstwertgefühl und ein ausgeprägtes Selbstbewusstsein sowie Respekt und Aufgeschlossenheit gegenüber anderen Menschen sind grundlegende Charaktermerkmale souveräner Menschen. Persönliche Souveränität zeigt sich in einer konsequenten Integrität, also in der Ausrichtung der eigenen Lebensführung an den persönlichen inneren Wertvorstellungen.

Darüber hinaus zeichnen souveräne Menschen sich durch ein hohes Maß an fachlicher und sozialer Kompetenz und durch das bewusste Wahrnehmen von Eigenverantwortung aus. Sie strahlen Verbindlichkeit und persönliches Engagement aus, wissen, was sie wollen und wie sie es erreichen können; ihre Offenheit vermittelt anderen Menschen Vertrauenswürdigkeit, und ihre soziale Kompetenz beeinflusst ihr gesamtes Kommunikationsverhalten positiv. So fällt es auch ihren Mitmenschen leichter, sich ihnen gegenüber aufgeschlossen zu zeigen, ihren Argumenten und Botschaften offen zu begegnen und sich von ihnen überzeugen zu lassen. Gerade in heiklen Gesprächen zeigt sich schnell, wer der Situation gewachsen ist und als souveräne Persönlichkeit überzeugt.

Die Art und Weise der verbalen und nonverbalen Kommunikation ist zumindest für den aufmerksamen Zuhörer und Beobachter ein zuverlässiges Barometer für die jeweilige seelische Verfassung eines Menschen; mehr noch, von den Gepflogenheiten in der Kommunikation lässt sich meist sehr eindeutig auf die grundsätzlichen Charaktereigenschaften einer Person schließen. Ob wir es mit einem eitlen, überheblichen, arroganten, nervösen, unsicheren oder schüchternen Menschen zu tun haben – alle diese Eigenschaften oder Zustände finden ihren Ausdruck im Kommunikationsverhalten. Mit der Art der Kommunikation und unseren rhetorischen Fähigkeiten machen wir zuallererst also immer auch Aussagen über uns selbst.

Kommunikation ist also ein sehr breit gefächerter Begriff, der weitaus mehr meint als den gekonnten Umgang mit Worten. Allerdings bleibt die Rhetorik (griechisch: Redekunst) natürlich ein Kernbestandteil der menschlichen Kommunikation. Wer es versteht, sich adäquat zu artikulieren, auch komplexere Zusammenhänge prägnant zu verbalisieren, dabei auf Schlagfertigkeit und einen charmanten Wortwitz zurückgreifen kann, gilt allgemein nicht nur als intelligent, sondern wird es auch leichter haben, sich bei anderen Menschen Gehör zu verschaffen. – Wer dagegen schnell ins Stottern kommt, unbeholfen, allzu umständlich und angestrengt bei der Wahl der Worte ist, wirkt meist inkompetent und fade.

Ein souveränes Auftreten ist ohne eine entsprechende Kommunikation mitsamt ausgeprägten rhetorischen Fähigkeiten schlichtweg undenkbar. Denn der Mensch wird zu großen Teilen anhand seiner Interaktion mit anderen gemessen. Wir beurteilen unser jeweiliges Gegenüber, ob bewusst oder auch unbewusst, also immer insbesondere aufgrund seines Kommunikationsverhaltens. In der Kommunikation treten bestimmte Verhaltensweisen zutage, die immer von anderen wahrgenommen und beurteilt werden.

Und spätestens seit den Erkenntnissen des bekannten Kommunikationstheoretikers Paul Watzlawick ist bekannt, dass der Mensch immer irgendeine Verhaltensweise zeigt. Und eben weil man sich nicht nicht verhalten kann, ist es folglich auch unmöglich, nicht zu kommunizieren. Dieses von Watzlawick als *Metakommunikatives Axiom* bezeichnete Phänomen besagt also, dass jeder Mensch – ob er nun will oder nicht – jederzeit und unaufhörlich auf die eine oder andere Art kommuniziert.

Die Kommunikation beeinflusst ganz erheblich die Wahrnehmung jeder Art von Persönlichkeit durch andere, wodurch letztendlich unser ganzes Leben (und nicht zuletzt das eigene Denken) durch unser Kommunikationsverhalten mitgestaltet wird. Zwischen Souveränität und der Kommunikation bestehen also unleugbare Wechselwirkungen. Souveränität kann sich erst auf Grundlage einer souveränen Kommunikation entfalten. Zugleich fällt es dem souveränen Menschen leichter, mit anderen auch souverän zu interagieren, also mit ihnen sicher und zielstrebig in Beziehung zu treten.

Eine durchweg gelungene Kommunikation basiert dabei immer auf einer offenen und flexiblen Persönlichkeit. – Eine gestörte Kommunikation hat währenddessen ganz zwangsläufig einen mitunter eklatanten Souveränitätsverlust zur Folge. Aus diesem Grund ist eine eingehende Beschäftigung mit dem Thema Kommunikation unvermeidbar, wenn es um Souveränität geht.

Mit dem vorangegangenen Artikel haben Sie einen Einblick in das Thema Souveränität und die enge Beziehung zur menschlichen Kommunikation erhalten. Ein großer Teil des Wissens über die Kommunikation reicht bis in die Antike zurück, in der die Grundsteine der hohen Schule einer souveränen Rede und Gegenrede gelegt wurden.

Wie sich im nächsten Artikel zeigt, ist diese alte Kunst heute keinesfalls antiquiert, sondern vielleicht sogar moderner denn je. Auf den nächsten Seiten lernen Sie die Hintergründe kennen.

2. Dialektik:
Warum die Lehrsätze aus der Antike noch immer modern sind

Von der Antike bis ins Mittelalter galt die Dialektik als ein unverzichtbares Fachgebiet jeder höheren Erziehung und Bildung. In unserer modernen Welt wird diese alte Kunst jedoch häufig vernachlässigt oder sie wird verfremdet genutzt, um in Gesprächen den „Gegner" in die Enge zu treiben und verbal mattzusetzen. In der Praxis kommen heute oft nur die dialektischen Kunstgriffe zur Anwendung, während die ursprünglichen Lehrinhalte der antiken Dialektik aus dem Blickfeld geraten. Dabei sind diese heute aktueller denn je.

In der Antike und im Mittelalter waren die sogenannten *freien Künste* Teil einer jeden Gelehrtenausbildung. Die Wissensgebiete Grammatik, Dialektik, Rhetorik, Arithmetik, Geometrie, Harmonielehre und Astronomie bildeten gemeinsam die Basis einer höheren Bildung. Und noch im Mittelalter waren sie die Vorbereitung auf das eigentliche wissenschaftliche Studium an den Fakultäten der Theologie, Jurisprudenz und Medizin und wurden dort in einer eigenen Fakultät, der *Facultas Artium*, zusammengefasst. Diese Fakultät gilt als Vorläufer der philosophischen Fakultät, die heute ihren Platz in nahezu jeder Universität hat.

Innerhalb der *freien Künste* nimmt eine Disziplin eine gewisse Sonderstellung ein: Es handelt sich dabei um die

Dialektik. Unter Dialektik versteht man im Allgemeinen die Kunst, ein geregeltes (Streit-)Gespräch aus Rede und Gegenrede – oder eine wissenschaftliche Auseinandersetzung mit These und Gegenthese – zu führen, das der Erkundung der Wahrheit dient und zu einem schlüssigen Ergebnis gelangt, womit die anfänglichen Meinungsverschiedenheiten aufgelöst werden. Bei *Isidor von Sevilla*, einem bedeutendem Gelehrten des 6. und 7. Jahrhunderts, der das Wissen der Antike in das Mittelalter trug und maßgeblich das Selbstverständnis der mittelalterlichen Universitäten prägte, liest man dazu: Die Dialektik sei eine Disziplin, „in der erörtert wird, wie mit Bezug auf die Ursachen der Dinge oder die Sitten des Lebens die Wahrheit zu suchen ist"; und die Dialektik hilft dabei, „in schwierigsten Disputationen Wahres von Falschem zu unterscheiden".

Mit dieser Charakterisierung wird die Dialektik im universitären Umfeld zu einer Art Grundlagenfertigkeit im Umgang mit allen anderen wissenschaftlichen Disziplinen, denn sie befasst sich mit den Fragen der Erkenntnis, der Wahrheitssuche – und wird damit zur Basis jeder Wissenschaft. Dieses Verständnis etablierte sich auch in den Universitäten, und die Dialektik wurde zu einer methodischen Grundausbildung, die allen anderen wissenschaftlichen Studien vorangestellt war.

Kommunikationsfähigkeit bleibt eine Schlüsselqualifikation

Wirft man nun heute einen Blick auf einige der unzähligen verbalen Auseinandersetzungen in der (medialen) Öffentlichkeit, wünscht man sich häufig, dass jeder, der an öffentlichen Gesprächsrunden teilnimmt, in den Genuss einer solchen dialektischen Grundausbildung kommen sollte. Doch auch fernab von der breiten Öffentlichkeit, im Privat- und vor allem im Berufsleben wird das alte Grundwissen der Dialektik zu selten zurate gezogen. In unserer Gesellschaft, in der Kommunikation eine Schlüsselposition einnimmt, rücken die Dialektik und die Rhetorik, als angewandte Dialektik, dennoch wieder in den Vordergrund – oder sollten es zumindest. Denn immer und überall werden Gespräche oder Auseinandersetzungen geführt, und unendlich viel Zeit und Energie wird dadurch verschwendet, dass Menschen aneinander vorbeireden und schlüssige Ergebnisse von Gesprächen bzw. Auseinandersetzungen einfach ausbleiben.

Die allgegenwärtigen Talkrunden in Funk und Fernsehen – ganz gleich ob zwischen hohen Politkern oder streitenden Nachbarn – sind und bleiben anschaulichstes Beispiel dafür. Wenn wir ehrlich sind, kennen wir nicht minder drastische Beispiele oft auch aus dem persönlichen Umfeld. Oft wird zwar intensiv um wahr oder falsch gestritten, dass jede erfolgreiche und also konstruktive Gesprächsführung bestimmten Regeln folgt, wird jedoch gern ignoriert. Dabei sind die Grundgedanken der Dialektik sehr einfach und einprägsam:

Die erste Regel formulierte Platon: „Verhalte Dich nicht egozentrisch." – Sie lässt sich mit dem simplen Gedanken der Wechselrede konkretisieren: Die Parteien reden abwechselnd und hören einander zu. Aus dem gegenseitigen Zuhören ergibt sich eine zweite Regel: Die Parteien geben ausdrücklich an, wann sie den Ansichten der jeweils anderen Partei widersprechen. Tun sie dies nicht, gilt dieses Unterlassen als Zustimmung. So wird vermieden, dass die Beteiligten aneinander vorbeireden. Damit die Parteien einander dann überhaupt verstehen, gilt als dritte Regel: Die Gesprächspartner drücken sich klar und eindeutig aus, um Missverständnisse möglichst zu vermeiden. Und die letzte Grundregel lässt sich von Aristoteles ableiten, der sagte: „Analysiere und argumentiere logisch." Sprich: Widersprüche in der eigenen Argumentation oder zu dem, womit man sich bereits einverstanden gezeigt hat, sind nicht zulässig.

Wer diese vier einfachen Spielregeln beherzigt, vermindert damit sofort die Gefahr unerfreulicher und destruktiver Gesprächsverläufe. Und es zeigt sich hier auch ganz deutlich, dass Dialektik also keineswegs dazu da ist, die eigene Meinung möglichst verlustfrei durchzusetzen. Gerade unter dem Stichwort Rhetorik findet dieses Missverständnis immer noch Verbreitung. Ausgangspunkt eines „Streitgesprächs" sind zwar meist gegensätzliche oder wenigstens unterschiedliche Meinungen, doch Ziel ist es nicht, die Meinung des Gegenübers als falsch und die eigene als richtig darzustellen – und dieser Aspekt wird in der Gesprächspraxis allzu oft vergessen. Ziel eines Gesprächs bleibt vielmehr die konstruktive Verständigung über den Gegenstand der Meinungsverschiedenheit. Es gilt, einen Ausgleich der Meinungen herzustellen, einen Konsens zu erzielen, der für beide Parteien der Wahrheit gleich kommt.

Aus diesen Grundsätzen lässt sich nun auch für unsere moderne Zeit eine Rhetorik ableiten, die nicht auf den rhetorischen Sieg bloß um des Sieges willen abzielt, sondern stattdessen ganz und gar ausgerichtet ist auf die erfolgreiche Verständigung der Gesprächspartner, die gemeinsam die Wahrheit zu ergründen suchen. Und so sind auch die Mittel der Rhetorik nicht in verbalen Finten, Spitzfindigkeiten, Vernebelungstaktiken oder Totschlagargumenten zu suchen, sondern allein in der Überzeugungskraft der persönlichen Argumentation, die sich einerseits in den schlüssigen Inhalten niederschlägt, sich andererseits auch im guten Stil der Gesprächsführung entfaltet.

Denn ein Streitgespräch ist keine Kampfansage, und die eigenen Argumente sind keine „Waffen", mit denen man den „Gegner" bezwingt. Argumente – und genauso die Gegenargumente! – sind viel eher als Stufen auf dem gemeinsamen Weg zur Wahrheit zu betrachten. Mit jedem überzeugenden Argument nähert man sich dem Konsens, der gegenseitigen Verständigung. Mit einer solchen Art der Gesprächsführung kommt man nicht nur schneller und besser zum Ziel, sie lässt zudem auf eine stilvolle und souveräne Persönlichkeit schließen, die es nicht nötig hat, seinen Gesprächspartner mundtot zu machen. Auch dieser Aspekt ist alles andere als unerheblich, denn Gespräche, die auch in heiklen Situationen ein gewisses Niveau beibehalten, führen seltener zu unnötigen Konflikten und sind daher zu Recht als konstruktiv zu bezeichnen.

Der Maßstab guter Gespräche ist die Verständigung

In unserer Zeit, die von der Vielfalt der Kommunikationsmöglichkeiten und der Fülle kommunikativer Prozesse geprägt ist, ist eine Rhetorik der Überzeugungskraft letztlich die einzige Chance, sich nicht dem stetig steigenden Lärmpegel der Kommunikation zu unterwerfen und selbst immer nur noch lauter, noch bunter, noch spektakulärer zu sein in der Hoffnung, irgendwo Gehör zu finden. Die Rückbesinnung auf die sehr praktikablen Grundregeln der Dialektik leitet den Blick auf die Qualität unserer Kommunikation, auf den Erfolg unserer Gespräche, und nicht auf das Aufsehen, das sie erregen. Und der Maßstab dafür kann nur die gelungene Verständigung sein.

Qualitativ hochwertige Gespräche, die effektiv und erfolgreich verlaufen, dienen nicht der Selbstdarstellung, sondern der Klärung und der Kommunikation von Inhalten. Ganz gleich, ob es sich dabei um private Auseinandersetzungen, um berufliche oder Fachgespräche handelt. Ein Gespräch, das stattdessen letztlich bloß dazu führt, dass der Gesprächspartner eingeschüchtert oder in die Ecke gedrängt seine Meinung aufgibt, ist in letzter Konsequenz immer ein unsinniges und vor allen Dingen überflüssiges Gespräch, denn in der Sache wird hier nichts geklärt. Und die Meinungsverschiedenheiten bleiben weiterhin bestehen oder steigern sich nur noch. Gerade langfristig gesehen, bleibt ein solches Gespräch ohne echtes Ergebnis und führt in der Folge sogar häufig zu Konflikten oder Missverständnissen. – Und überflüssige, ergebnislos verlaufende kommunikative Vorgänge gehören nun zu den Dingen auf der Welt, auf die wir gerne verzichten können.

Deshalb ist es wichtig, die Qualität und Effektivität von Gesprächen und Kommunikation nicht aus dem Blick zu verlieren, was bei den schier grenzenlosen Kommunikationsmöglichkeiten unserer Zeit tatsächlich zu einer reellen Gefahr geworden ist. Die aus der Antike stammenden Grundsätze der Dialektik geben uns Hinweise darauf, wie wir dieser Gefahr Einhalt gebieten können, und sie haben auch in unserer modernen Gesellschaft weiterhin ihre volle Gültigkeit. Aufmerksamkeit, Fairness, Klarheit im Ausdruck, Authentizität und schlüssige Inhalte waren damals und sind auch heute die Eckpfeiler einer überzeugenden Gesprächsführung und zeugen von einer souveränen Persönlichkeit.

Dass Kenntnisse der Dialektik und Rhetorik wesentlich dazu beitragen, Gespräche und Verhandlungen effektiver zu gestalten und die eigene Überzeugungskraft zu erhöhen, ist unumstritten. Denn wo es an einer konstruktiven Verständigung mangelt, wird ebenso viel Zeit wie Energie verschwendet, werden Konflikte und Missverständnisse geschürt und bleibt die Umsetzung von Ideen auf der Strecke.

Doch selbst versierte Rhetoriker denken bei ihrer Gesprächsführung oft allein an die Macht ihrer Worte und vernachlässigen einen anderen Bestandteil ihrer Sprache: Tatsächlich trägt eine bewusst und gekonnt eingesetzte Körpersprache ebenso zum Gelingen von Gesprächen bei wie die gesprochenen Worte.

Der folgende Artikel erörtert, wie Sie Ihre Körpersprache zielorientierter einsetzen können.

3. Souveräne Körpersprache

Mit dem Thema Körpersprache beschäftigen sich viele Menschen in erster Linie, um vor anderen Menschen überzeugender und lebendiger aufzutreten; die optimale Wirkung der eigenen Person auf die Zuhörer oder den Gesprächspartner steht dabei im Vordergrund. Doch die Bedeutung der Körpersprache geht über die Belebung eines Vortrags oder einer Präsentation weit hinaus, denn Körpersprache ist als eine wichtige Ergänzung unserer verbalen Ausdrucksmittel und damit als wertvolle Bereicherung für unsere Kommunikation zu verstehen. Körpersprache hilft uns dabei, das grundlegende Ziel jeder Kommunikation zu erreichen: die gegenseitige Verständigung.

Eine unverfälschte Körpersprache ist dafür natürlich Voraussetzung. Nonverbale Signale geben dem Gesprächspartner oder Zuhörer entscheidende Hinweise darauf, wie das, was verbal ausgedrückt wird, tatsächlich gemeint ist. Körpersprache formuliert häufig den Subtext zum wortwörtlich Gesagten. Eine einzige Geste kann im Extremfall eine Aussage in ihr Gegenteil verkehren. – Solche Effekte lassen sich teilweise steuern, entstehen jedoch nicht immer nur absichtlich und kontrolliert: In der Körpersprache finden nämlich gerade auch unbewusste und emotionale Aspekte ihren Ausdruck. Und oft sind es eben solche, die die Wahrnehmung und Interpretation des Gesagten stark beeinflussen. Da Körpersprache die Menschen emotional – und nicht nur intellektuell – anspricht, wirkt sie zudem häufig sehr viel eindringlicher als die ursprüngliche Aussage.

Wenn Sie Ihre Körpersprache bewusst einsetzen, können Sie diese Einsichten natürlich zu Ihrem Vorteil nutzen und Ihre Worte mithilfe der nonverbalen Signale unterstreichen und ergänzen. Sie können Ihren Aussagen feine Nuancen geben, Aspekte hervorheben oder hinzufügen und gezielt Bedeutungen erzeugen. Dabei ist es wichtig, dass Sie Ihre Körpersprache nicht gekünstelt oder übertrieben theatralisch einsetzen, denn dies wirkt sehr schnell unnatürlich und damit unglaubwürdig. Körpersprache kann letztlich nur wirken, wenn sie auch authentisch ist. Nehmen Sie z. B. einen eher zurückhaltenden Menschen, hier werden große Gesten immer übertrieben wirken, und der Auftritt kann kaum überzeugen. Doch schon ein offener Blick und eine aufrechte Körperhaltung können auf dezente Weise wirkungsvolle Signale setzen – ganz ohne Theatralik. So wird das Gesamtbild abgerundet, und die Person wirkt souverän, authentisch und glaubwürdig.

Wer hingegen versucht, hinter antrainierten und erzwungenen Gesten seine echte Persönlichkeit oder sein wahres Anliegen zu verstecken, wird über kurz oder lang scheitern und setzt zugleich die eigene Souveränität aufs Spiel. Eine aufgesetzte Körpersprache oder Widersprüche zwischen nonverbaler und verbaler Aussage stören immer das Gesamtbild der Persönlichkeit und werden Irritationen oder sogar Misstrauen wecken. Für einen souveränen und überzeugenden Auftritt ist es daher unerlässlich, eine Körpersprache zu pflegen, die tatsächlich zur eigenen Persönlichkeit passt und dabei ganz unverfälscht ihre Wirkung entfaltet.

Die Körpersprache setzt sich in ihrer Gesamtheit aus den Komponenten Haltung, Gestik und Mimik sowie dem Blickkontakt zusammen.

Blickkontakt

Mit Blickkontakten signalisieren wir unseren Gesprächspartnern Aufmerksamkeit und Anteilnahme. Mit bewusst eingesetzten Blickkontakten lassen sich der Nachdruck der Worte und damit auch der Eindruck, den wir hinterlassen, gezielt verstärken. Grundsätzlich wirkt ein Mensch aufrichtiger und auch selbstbewusster, wenn er seinem Gegenüber im Gespräch in die Augen sehen kann. Umherschweifende Blicke signalisieren dagegen ganz eindeutig Desinteresse. Durch das Interesse, das wir mit Blickkontakt signalisieren, bauen wir eine direkte Brücke zu unseren Gesprächspartnern. – Wichtig ist auch, den Blicken anderer standhalten zu können. Wer hier dazu neigt, den Blicken auszuweichen, macht damit schnell einen unsicheren Eindruck. Und natürlich sind allzu durchdringende Blicke unsererseits zu vermeiden, weil wir damit zu tief in die persönliche Sphäre unseres Gegenübers eindringen.

Haltung

Gerade beim ersten Eindruck wird die Haltung eines Menschen besonders intensiv wahrgenommen. Von der Haltung einer Person ziehen wir Rückschlüsse auf seine gesamte Persönlichkeit und seine Charaktereigenschaften. Nicht umsonst kann das Wort Haltung nicht nur Körperhaltung, sondern eben auch so viel wie Einstellung bedeuten. Und so wie eine aufrechte, kraftvolle Körperhaltung Souveränität und Leistungsbereitschaft suggeriert, schlagen sich in der Körperhaltung auch Anspannung, Erschöpfung und Stress nieder. Wer Haltung bewahrt, gilt als rege, wach und aufmerksam, während angespannte Steifheit die persönliche Ausstrahlung immer vermindert.

Gestik

Mit der Gestik können wir unsere Worte nicht nur geschickt akzentuieren, passende Gesten wirken auch stets erfrischend, erhöhen die Aufmerksamkeit und erleichtern damit das Verständnis der gesprochenen Worte. Gerade die Gesten sind immer auch ein Ventil der eigenen Persönlichkeit, sie wirken lebhaft, aufmunternd und temperamentvoll. Mit Gesten können Sie dabei Ihre eigene Glaubhaftigkeit erhöhen. Schon ein Kopfnicken signalisiert dem Gegenüber, dass wir ihm mit wohlwollendem Interesse und aufmerksam zuhören.

Viele Untersuchungen zur Körpersprache zeigen, dass insbesondere von den Händen eine große Wirkung ausgeht: Frei sichtbare Hände wecken Vertrauen, ihre Bewegungen betonen die verbalen Aussagen und übersetzen diese in eine optische Sprache. Das Verstecken der Hände verursacht dagegen Distanz, sogar Misstrauen. Wer seine Hände versteckt, hat – bildlich gesprochen – etwas zu verstecken. Und wer mit Gegenständen herumspielt, sich an der Kleidung zupft, hinter dem Ohr kratzt usw. wirkt schnell verunsichert oder nervös und vermindert damit seine Ausstrahlung.

Mimik

Ein bewusster Einsatz der Mimik kann überaus vorteilhaft sein, können wir mit unserem Mienenspiel doch tatsächlich ganz nebenbei Dinge ausdrücken, die sich kaum durch Worte sagen lassen. Haben Sie schon einmal versucht, ein Stirnrunzeln mit Worten zu formulieren? Wenn Sie beispielsweise einer Aussage skeptisch gegenüberstehen, können Sie dies ganz unverfänglich durch ein Stirnrunzeln signalisieren, während alle Worte dafür unmittelbar die Glaubwürdigkeit Ihres Gesprächspartners in Frage stellen würden. Mit einem Lächeln können Sie die ganze Gesprächsatmosphäre konstruktiv steuern. Und mit Menschen, die keine Miene verziehen, ist es immer schwierig, erfolgreich und in guter Atmosphäre Gespräche zu führen – denn das berühmte Pokerface wirkt nicht gerade einladend, hier fühlt sich jeder zwangsläufig unbehaglich. Menschen dagegen, bei denen Sie wissen, woran Sie sind, werden Sie viel eher Vertrauen und auch Sympathie entgegenbringen. Die Mimik trägt so wesentlich zum gegenseitigen Verständnis bei.

Mit der Rhetorik, wozu auch der Einsatz der Körpersprache zählt, stehen für Sie vielfältige Mittel bereit, mit denen Sie auch in schwierigen Gesprächssituationen souverän agieren können. Gerade in Verhandlungen wird meist derjenige seine eigenen Ziele erreichen, der sein rhetorisches Arsenal an richtiger Stelle einzusetzen weiß.

Doch folgenschwer wäre es, die Verhandlung lediglich auf eine Frage von Ja oder Nein zu reduzieren, hiermit würden Sie sich einerseits wichtige Spielräume nehmen und andererseits vernachlässigen, was jede Verhandlung – neben den sehr konkreten Zielsetzungen – außerdem zum Ziel hat: die Festigung der (Geschäfts-) Beziehungen unter den Verhandlungspartnern.

4. Verhandlungen –
viel mehr als nur eine Frage von
Ja oder Nein

Auch wenn es den meisten Menschen kaum bewusst ist: Fast jeder führt wohl nahezu täglich Verhandlungen – mit den Kindern ums Taschengeld, mit dem Partner um die Wahl des nächsten Urlaubsortes, mit Händlern um Preise und Konditionen, mit dem Geschäftspartner um die Investition in eine neue Anschaffung. Und so hat jeder Mensch bereits ausgiebige Erfahrungen mit Verhandlungen gesammelt und auch entsprechende Verhandlungsstrategien parat, die dann im Ernstfall zur Anwendung kommen. Von professionellen Verhandlern (Geschäftsführer, Manager, Selbstständige, Verkäufer) wird daher natürlich besonders viel erwartet.

So stehen Sie im Berufsalltag immer wieder vor der Aufgabe, Ihre Professionalität in Verhandlungen unter Beweis zu stellen, übrigens auch dann, wenn es mal nicht um folgenschwere Entscheidungen geht. Und hierbei haben alle Arten von Verhandlungen ihre speziellen Spielregeln und bergen besondere Herausforderungen. Eine häufige Fehlannahme in diesem Zusammenhang betrifft die Frage nach dem Ziel, das nicht selten definiert wird als die Notwendigkeit, unbedingt als Gewinner aus der Verhandlung hervorzugehen. Doch dieser Punkt bringt einige schwerwiegende Probleme mit sich, denn bei den meisten Verhandlungen geht es keineswegs um Sieg oder Niederlage und damit auch nicht um unverrückbare Positionen. In letzter Konsequenz widersprechen starre Positionen sogar dem Grundgedanken der Verhandlung: Die Notwendigkeit zu verhandeln ergibt sich immer dann, wenn anlässlich einer anstehenden Entscheidung unterschiedliche Interessen der Beteiligten aufeinander treffen, die in irgendeiner Form vereinheitlicht werden müssen. Die Parteien müssen dann eine Variante aushandeln, die die unterschiedlichen Interessenlagen berücksichtigt und auf die sich beide Seiten einigen können, sodass die Entscheidung zustande kommt, tragfähig ist und umgesetzt werden kann.

In Verhandlungen geht es demnach um die Interessen beider Parteien, und das Ziel ist es, für die auseinandergehenden Interessen einen Ausgleich zu finden.

So ist es für jeden, der häufiger in Verhandlungssituationen kommt, besonders wichtig, sich ins Gedächtnis zu rufen, dass Verhandlungen – worum es im Einzelfall auch geht – klaren Regeln folgen, von denen eine beinhaltet, dass im Optimalfall beide Gesprächspartner als Gewinner aus der Verhandlung hervorgehen. Das Ziel ist es, mit dem Verhandlungspartner so überein zu kommen, dass zum einen die infrage stehende Entscheidung überhaupt getroffen und umgesetzt werden kann und zum anderen beide Parteien gleichermaßen einen Vorteil davon haben. Denn selbst wenn die Interessen in der Sache auseinandergehen, besteht letztlich doch Einigkeit darüber, dass man sich einigen muss und will. Das ist die Grundlage für den Beginn von Verhandlungen – bei anderen Ausgangssituationen ist es genaugenommen sinnlos, überhaupt eine Verhandlung aufzunehmen.

> Verhandlungen, die lediglich Spielraum für ein Ja oder ein Nein lassen, können zu keinen konstruktiven Ergebnissen führen. Hier wird nicht mehr verhandelt, sondern nur noch zugestimmt oder abgelehnt.

Der Erfolg von Verhandlungen ist also damit verknüpft, dass die Beteiligten mit einer positiven Einstellung und mit der Absicht, in der Sache wirklich zu einer Einigung zu gelangen, in die Verhandlung hineingehen. Klarheit über den eigenen Standpunkt und die eigene Interessen ist dabei natürlich unabdingbar. Doch gehört dazu gleichermaßen, dass auch der Standpunkt und die Argumentation des Gesprächspartners akzeptiert und nachvollzogen werden.

Und wer mit einer solchen Einstellung in eine Verhandlung geht, wird darüber hinaus von seinen Gesprächspartnern auch als souveräne Persönlichkeit wahrgenommen, mit der selbst in diffizilen Situationen Lösungen gefunden werden können. So steigt mit jeder Verhandlung, die Vorteile für beide Seiten gebracht hat, ganz nebenbei auch Ihre eigene Reputation. Genau dies ist auch das wichtigste Argument, das gegen den Einsatz unfairer und manipulativer Verhandlungsstrategien spricht: Für einen versierten Rhetoriker ist es zwar gewiss ein Leichtes, sein Gegenüber verbal über den Tisch zu ziehen und die gewünschten Entscheidungen herbeizuführen – allerdings zu einem hohen Preis, denn ein so übervorteilter Verhandlungspartner wird sich im Nachhinein über sich selbst ebenso wie über seinen Gesprächspartner ärgern. Damit finden dann künftige Verhandlungen mit dieser Person unter verschärften Bedingungen – oder überhaupt nicht mehr statt.

Denn wer mit einem Verhandlungspartner einmal schlechte Erfahrungen gemacht hat, wird ihm kein Vertrauen mehr schenken und ihn künftig wahrscheinlich sogar völlig meiden. Ob ein solcher Einmalerfolg dann tatsächlich als Erfolg gewertet werden kann, ist damit mehr als fraglich.

Denken Sie bei Ihren Verhandlungsgesprächen daher an die Grundintention der Verhandlung:

- Eine Übereinkunft soll zustande kommen, sofern nicht tatsächlich unüberwindbare Hindernisse auftreten.

- Mit dem Verhandlungsergebnis soll sich das Verhältnis zwischen den Parteien verbessern. Das Ergebnis darf die Beziehung zumindest nicht belasten.

- Die Übereinkunft soll praktikabel und effizient sein. Der Verhandlungsaufwand muss im Verhältnis zum Ergebnis stehen, und dieses muss auch in der Praxis umsetzbar sein. Hierbei gilt es, die Interessenlagen aller Parteien im höchstmöglichen Maß zu erfüllen und bei Interessenkonflikten eine gerechte Lösung zu finden.

Sofern diese wesentlichen Voraussetzungen nicht erfüllt sind, arten Verhandlungen oft in ein Tauziehen um Positionen aus. Gerade harte Verhandlungspartner rühmen sich zuweilen mit der eisernen Unverrückbarkeit der eigenen Positionen. Hierdurch wird in erster Linie jedoch nur erreicht, dass man sich in den Positionen verfängt und der Beziehung zwischen den Verhandlungspartnern dauerhaften Schaden zufügt. Wenn Sie eine anstehende Verhandlung weitsichtig planen und einige Modalitäten im Vorfeld für sich klären, können Sie sich in der Verhandlung selbst auf das Wesentliche konzentrieren: die eigenen Interessen konsequent vertreten, ohne dabei gegen die Interessen des Partners zu handeln. Hierfür noch einige Tipps und Fragen, die es sich im Vorfeld von Verhandlungen zu stellen lohnt:

- Worüber wird überhaupt verhandelt und worüber nicht?

- Wer verhandelt für die jeweiligen Parteien? – Jede Partei wird versuchen, einen qualifizierten und geeigneten Vertreter für ihre Interessen ins Rennen zu schicken. Hierfür sind nicht nur Vorüberlegungen notwendig, wer die Interessen auf der eigenen Seite am besten vertreten kann, sondern auch, wer zum Gegenspieler in der Verhandlung wird.

- Welche Kompetenzen, Befugnisse und Vollmachten haben die Personen, die an der Verhandlung teilnehmen?

- Worüber besteht bereits im Vorfeld Einigkeit, und an welcher Stelle sind Differenzen zu erwarten? – Unstrittige Punkte brauchen nicht verhandelt zu werden, Problembereiche müssen dagegen besonders sorgfältig in die Verhandlungsvorbereitung einfließen.

- Welche Konzessionen können gemacht werden, welche nicht? – Hier müssen die Vertreter der Parteien wissen, wie weit sie gehen können. Solche Aspekte erfordern sorgfältige Überlegungen im Vorfeld.

- Was passiert nach der Verhandlung? – Wer gestaltet ggf. erforderliche Verträge? Was genau wird hier fixiert? Außerdem können Nachverhandlungen erforderlich werden.

In vielen wichtigen Gesprächen, wie Verhandlungen, kommt es auf kommunikatives Geschick und diplomatisches Gespür an. Mit dem Kopf durch die Wand zu wollen, ist zwar manchmal verständlich, jedoch meist nicht der beste und nachhaltigste Weg zum Ziel. Die diplomatische Vorgehensweise ist dagegen weitaus geschickter. Ein wesentliches Ziel der Diplomatie ist es nämlich, gute Beziehungen zu erhalten, sie zu stärken und neue Beziehungen einzugehen – das ist auch für den Beruf von größter Bedeutung.

Diplomatie ist zugleich kein softer, defensiver Kommunikationsstil. Diplomaten verfolgen eine ganz klare Linie und ziehen ebenso klare Grenzen. Das kann jeder einzelne, gerade in wichtigen Gesprächen, für sich selbst nutzen.

5. Mit Diplomatie zum Ziel

Mit Diplomatie verbinden wir üblicherweise Verständnis, Toleranz, Einfühlungsvermögen, Fingerspitzengefühl und Nachsicht und denken dabei an einen sanften Weg der Verständigung. Doch bei allem Einfühlungsvermögen und bei aller Toleranz wissen Diplomaten ganz genau, an welchem Punkt Schluss ist mit Verständnis und Nachsicht. – Diplomatie darf nämlich nicht missverstanden werden als ein softer und defensiver Kommunikationsstil, bei dem um des lieben Friedens willen einfach ein paar Zugeständnisse gemacht werden. Diplomaten verfolgen im Gegenteil eine sehr klare Linie und setzen ganz klare Grenzen. Sie wissen genau, wo ihr Verhandlungsspielraum endet, welches Verhalten sie nicht mehr tolerieren, was ihnen wichtig ist und wie weit sie dem anderen entgegenkommen können oder wollen. – Und sie handeln entsprechend.

Das heißt: Ein guter Diplomat kennt seine persönlichen Werte und Grenzen und weiß, wie er richtig reagiert, wenn diese Grenzen erreicht sind. Dabei geht es sowohl um inhaltliche als auch um persönliche und emotionale Grenzen. Das Wissen um die eigenen Grenzen ist allerdings nur dann von Bedeutung, wenn man diese Grenzen auch einhält und gegenüber anderen durchsetzt. Die Kunst besteht nun darin, konsequent zu agieren, ohne dabei die Beziehung zum Gegenüber zu gefährden. Das ist insbesondere dann schwierig, wenn der andere zu unfairen Mitteln greift.

Unfaires Verhalten ist in einer guten Beziehung tabu

Der (un)faire Umgang miteinander stellt für viele Menschen eine Grenze dar, die in Beziehungen, Gesprächen, Auseinandersetzungen nicht überschritten werden darf. Manipulationsversuche, Angriffe unter der Gürtellinie, Hinterhältigkeit, emotionale Erpressung, respektloser Umgang, Kampfrhetorik, Rücksichtslosigkeit und ähnliche Verhaltensweisen sind deshalb in einer guten Beziehung tabu. Zumindest lautet so der Anspruch. Tatsächlich treten all diese Dinge immer wieder auf – weil einer der Beteiligten sich nicht anders zu helfen weiß, Stärke demonstrieren will oder glaubt, dadurch einen Vorteil zu erlangen, oder auch, weil er die Gefahr für die Beziehung nicht erkennt.

Gefährlich sind unfaire Strategien und Verhaltensweisen vor allem, weil sie sich nicht auf der sachlichen Ebene abspielen, sondern direkt die Beziehungsebene angreifen. Es wird sehr persönlich, wenn es unfair wird. Und für die meisten Menschen ist es sehr schwierig, mit einem solchen persönlichen Angriff souverän umzugehen. Sie reagieren häufig verärgert, verletzt und verunsichert darauf, denn sie fühlen sich als Person infrage gestellt. Da fällt es schwer, die eigenen Emotionen unter Kontrolle zu halten und nicht gleich zum Gegenangriff auszuholen. Wer diplomatisch geschickt vorgehen will, braucht daher Strategien, die eine Eskalation verhindern und gleichzeitig den anderen in seine Schranken weisen, ohne die Beziehungsebene weiter zu belasten.

Konsequent agieren, klare Grenzen ziehen

Gelassenheit ist ein erstes Stichwort für die Fälle, in denen ein Gegenüber tatsächlich versucht, mit unfairen Mitteln seine (Gesprächs-)Ziele zu erreichen. Gelassenheit bedeutet jedoch nicht, alles stoisch hinzunehmen. Es geht vielmehr darum, Ruhe zu bewahren, Konsequenz zu zeigen und Grenzen zu setzen. Das beginnt bereits damit, dass man über verbale Angriffe, Respektlosigkeiten oder gar Manipulationsversuche nicht einfach hinwegsieht, sondern diese entlarvt, sobald man sie erkannt hat. So zeigen Sie Ihrem Gegenüber deutlich, dass er eine entscheidende Grenze überschritten hat.

Wenn Sie jedoch zögern und Ihren Gesprächspartner erst einmal gewähren lassen, bis es Ihnen irgendwann dann doch zu bunt wird, provozieren Sie unter Umständen, dass er es immer wieder versucht. Machen Sie hingegen von Anfang an klar, wo Ihre Grenzen liegen und dass Sie eine Verletzung dieser Grenzen nicht akzeptieren, wird er seine Manipulationsversuche wahrscheinlich einstellen. In vielen Fällen reicht das sofortige Entlarven schon aus, um die Taktik des Gegenübers wirkungslos zu machen und ihn gleichzeitig in die Schranken zu weisen. Denn die meisten unfairen Mittel funktionieren nämlich nur so lange, wie sie unentdeckt bleiben. Und ein deutlicher Wink mit dem Zaunpfahl bewegt viele Gesprächspartner bereits, es nicht weiter zu versuchen. Machen Sie also klar: „Ich merke, was du vorhast. Lass es sein, es führt zu nichts."

In einem privaten Streit zwischen guten Freunden spricht auch nichts dagegen, diese Beobachtung ohne Umschweife auszusprechen und darum zu bitten, den Rest des Gesprächs fair zu bestreiten. Schwieriger ist es meist im beruflichen Umfeld. Professionelle Beziehungen, zumal wenn die Beteiligten verschiedenen Hierarchieebenen angehören, sind in der Regel fragiler und anfälliger für Störungen als gefestigte private Freundschaften. Jedoch gibt es auch hier Möglichkeiten, unfaires Verhalten aufzudecken und diesem Einhalt zu gebieten, wie zum Beispiel:

- Wer sich nicht auf das Spiel auf der persönlichen Ebene oder auf Provokationen einlässt, sondern konsequent bei der Sache bleibt, zeigt deutlich, dass er den sachlichen und fairen Umgang miteinander bevorzugt.

- Konsequent auf unfaire Mittel zu verzichten, markiert deutlich, wo die eigenen Grenzen liegen.

- Bei verbalen Provokationen und Unverschämtheiten ist demonstrative Höflichkeit ein deutliches Signal.

- Das Gleiche gilt für ein betont ruhiges Auftreten, wenn der andere gerade so richtig aufdreht.

- Mit gezielten Fragen kann der Gesprächspartner zur sachlichen Auseinandersetzung und einer konstruktiven Gesprächsführung zurückgeführt werden. So wird deutlich, dass die Sache und die Suche nach einer Lösung im Zentrum stehen und stehen bleiben sollen.

- Um die inakzeptablen Strategien des Gegenübers offen anzusprechen, eignet sich am besten ein Sprung auf die Metaebene. So lassen sich die Spielregeln für die Auseinandersetzung thematisieren und festlegen.

Diese Maßnahmen haben den großen Vorteil, dass sie sich nicht negativ auf die Beziehung der Beteiligten auswirken und so auch für die Zukunft keine ungünstigen Folgen zu befürchten sind. Gehen Sie hingegen mit harten Bandagen gegen einen unfairen Gesprächspartner vor, stellt dies oft eine große Belastung für zukünftige Gespräche und für die Zusammenarbeit in der Zukunft dar.

Die diplomatischen und diskreten Vorgehensweisen geben dem Gegenüber zudem die Gelegenheit zum Rückzug, ohne klein beigeben zu müssen oder (vor Dritten) das Gesicht zu verlieren. Das macht es ihm häufig leichter, sein eigenes Fehlverhalten ohne viel Aufhebens zu korrigieren.

Überhaupt nicht zu empfehlen sind hingegen Belehrungen von oben herab wie „Bitte zügeln Sie Ihr Temperament!" oder „Ich verbitte mir diesen Tonfall!". Sie provozieren den Zurechtgewiesenen eher noch, als dass sie ihn zur Räson bringen. Sie wirken nur auf der persönlichen Ebene, sind anmaßend und greifen die Person des Gegenübers an, was eine entsprechende Abwehrreaktion und in der Folge eine Eskalation provozieren würde. Das gilt im Übrigen auch für die etwas netter klingenden ironischen Varianten solcher Sätze („Na, da ist heute aber einer mit dem falschen Fuß aufgestanden!"), die trotz der humorigen Formulierung sehr verletzend sein können.

Bei aller Diplomatie und Gelassenheit wird es immer wieder auch Menschen geben, die sich von nichts und niemandem beeindrucken lassen und unbeirrt auf unfaire Methoden setzen. Dann hilft nur eines: der Gesprächs- oder sogar Beziehungsabbruch. Der Gesprächsabbruch – und erst recht der Beziehungsabbruch – sollte allerdings nur als allerletztes Mittel gewählt werden, wenn alle anderen Versuche einer konstruktiven und fairen Auseinandersetzung gescheitert sind. Dann allerdings ist Konsequenz gefragt. Eine bloße Androhung ist kontraproduktiv. Wer den Gesprächsabbruch ins Spiel bringt, weil es keinen anderen Ausweg mehr gibt, der muss das Gespräch dann auch konsequent und unverzüglich abbrechen. Auch wenn der andere versucht, einen Abbruch durch Zugeständnisse, Einsichten oder Entschuldigungen zu verhindern.

Ein kurzer erklärender Satz und das Angebot für einen neuen, späteren Gesprächsversuch sind alles, was dann noch zu sagen bleibt: „Herr Meier, das führt heute zu nichts. Ich kann und will Ihre persönlichen Angriffe nicht weiter akzeptieren und werde das Gespräch daher jetzt abbrechen. Wenn Sie möchten, können wir uns nächste Woche noch einmal zusammensetzen und bis dahin unsere Positionen überdenken. Auf Wiedersehen."

Mit Bestimmtheit Nein sagen

Doch nicht immer sind es so offensichtliche Dinge, die eine konsequente Grenzziehung erfordern. Manchmal ist es auch eine freundlich gestellte Bitte um einen Gefallen. Sei es die wiederholte Bitte einer Kollegin, für sie den Telefondienst zu übernehmen, damit sie etwas früher gehen kann, oder die zu häufige Bitte einer Freundin, als Babysitter einzuspringen – wer immer nur Ja sagt, bürdet sich mit der Zeit zu viele Aufgaben auf, fühlt sich früher oder später ausgenutzt und ärgert sich dann auch noch über sich selbst. Auf Dauer kann das nicht gutgehen.

Eine häufige Folge ist dann, dass die übernommenen Aufgaben nur zähneknirschend und nicht mit vollem Einsatz erledigt werden. Weil die Aufgabe dann nicht zufriedenstellend erledigt worden ist, kommt es womöglich auch noch zu Konflikten zwischen Bittsteller und demjenigen, der die Bitte nicht ausschlagen konnte. Das belastet auf Dauer dann die Beziehung zwischen den Beteiligten.

Nein sagen zu können, ist also unverzichtbar. Doch vielen Menschen fällt es sehr schwer, eine Bitte auszuschlagen. Sie befürchten, den anderen mit ihrer Absage zu verletzen oder Sympathiepunkte zu verspielen.

Auch möchten viele Menschen gern als großzügig und hilfsbereit wahrgenommen werden, was ein Nein nun nicht gerade befördert. Und vor allem im Berufsleben besteht auch die Angst, arbeitsunwillig oder unkollegial zu wirken, wenn man das Anliegen eines Kollegen – oder gar des Vorgesetzten – ablehnt.

Auch fürs Neinsagen sind also diplomatische Qualitäten gefragt. Ziel ist dabei, einerseits klar und unmissverständlich Nein sagen zu können und andererseits den Fragenden nicht vor den Kopf zu stoßen, sodass die Beziehung unbelastet bleibt.

Einen großen Schritt in Richtung Ziel gehen Sie bereits, wenn Sie bestimmte Reaktionen vermeiden. Dazu zählen zum Beispiel fadenscheinige Ausreden, Ausflüchte und vage Antworten sowie das Herunterspielen des Problems. Auch wenn Sie ungebeten Lösungsvorschläge machen, wie das Ganze auch ohne Ihre Hilfe zu machen sei, kommt das in der Regel nicht so gut an.

Besser, diplomatischer sind folgende Möglichkeiten:

- Sagen Sie nur das zu, was Sie auch tatsächlich halten können und wollen.

- Zeigen Sie auch bei einer Absage Verständnis für das Anliegen.

- Formulieren Sie Ihr Nein direkt und unmissverständlich.

- Begründen Sie Ihr Nein plausibel und wahrheitsgemäß.

- Wenn möglich, verbinden Sie Ihr Nein mit einer eingeschränkten Zusage. So können Sie eventuell eine Teilaufgabe übernehmen oder stehen für einen bestimmten Zeitraum zur Verfügung.

- Knüpfen Sie Ihre Zusage bei Bedarf an eine Gegenleistung, um chronischen Bittstellern zu signalisieren, dass Sie sich nicht ausnutzen lassen.

Das heißt natürlich nicht, dass Sie nun jedes Anliegen ausschlagen, nur damit Sie als konsequente Person wahrgenommen werden. Entscheidend ist vielmehr, dass Sie bei aller Hilfsbereitschaft Ihre eigenen Bedürfnisse und Interessen nicht vernachlässigen und das dem Fragenden verdeutlichen, ohne sein Anliegen abzuwerten. Für Ihre Beziehung zum Fragenden ist es sogar vorteilhafter, ausgewählte Bitten oder Anfragen mit echtem Engagement zu erfüllen, anstatt auf viele oder wiederholte Anliegen nur halbherzig oder widerwillig einzugehen.

Beziehungen stärken und erhalten

Ein wesentliches Ziel der Diplomatie bleibt, gute Beziehungen zu erhalten, sie zu stärken und neue Beziehungen einzugehen. Das gelingt dann am besten, wenn wir uns selbst gut kennen. Kenne ich meine eigenen wunden Punkte und weiß ich, dass ich auf bestimmte Vorhaltungen schnell ein bisschen empfindlich reagiere, kann ich mich leichter von dem Automatismus lösen, in Nachrichten immer einen Vorwurf zu hören.

Genauso sollte ich das Bild, das ich mir von meinem Gegenüber mache, hin und wieder hinterfragen, um auch hier eingeschliffene Reaktionsweisen aufzudecken, die mich an alternativen Interpretationen hindern. Dies ist eine solide Basis dafür, die eigenen Ziele auf dem diplomatischen Wege schneller und leichter zu erreichen.

Mit einem diplomatischen Auftreten in Gesprächen und Verhandlungen stellen Sie sicher, die Beziehung zu Ihrem Gegenüber nicht unnötig zu belasten. Damit ist bereits viel erreicht.

Doch in vielen wichtigen Gesprächssituationen kommt es insbesondere auf eine überzeugende Argumentation an. Wie Sie Ihre Gesprächspartner persönlich und inhaltlich überzeugen, erfahren Sie im nächsten Artikel.

6. Souverän agieren –
überzeugend argumentieren

Unser Sprachsystem ist überaus komplex, und manchmal scheint es geradezu darauf angelegt, Missverständnisse zu produzieren. Auch ist unsere Sprache nicht immer wirklich logisch, sie gehorcht vielmehr recht eigentümlichen Gesetzen, und nicht selten entstehen Probleme oder entzünden sich zeitraubende Konflikte allein aufgrund von Verständigungsproblemen – was uns oft nicht einmal bewusst ist. Gerade in spannungsgeladenen Situationen, wie bei wichtigen Gesprächen und Verhandlungen, wird das Gesagte nicht immer in gleicher Weise vom Gesprächspartner verstanden. Die Gespräche führen dann schnell von der ursprünglichen Sache weg und verlagern sich auf unerwünschte Nebenschauplätze, die dann jedoch leider oft den Gesprächsverlauf dominieren.

Bei der Kommunikation sind es oft die überaus subtilen Randbedingungen, die das tatsächlich Gemeinte von falschen Interpretationen unterscheiden. Es sind also längst nicht nur die Worte allein, die zum Gelingen von Gesprächen führen. Mit einer besonnenen Kommunikation, die auf einer effektiven Gesprächsrhetorik beruht, werden Reibungsverluste vermieden und können Gesprächsziele schneller erreicht werden.

Doch schon das Wort Rhetorik wird häufig missverständlich eingesetzt. Man kann Worte manipulieren und mit Worten andere manipulieren. Beides ist mit rhetorischen Kenntnissen möglich. Ein wirklich versierter Rhetoriker will jedoch präzise Informationen austauschen und mit Argumenten überzeugen und eben keine manipulierenden Tricks einsetzen. Dies ist nicht nur eine Frage des guten Stils, sondern hat auch einen ganz pragmatischen Grund, den der frühere amerikanische Präsident (und glänzende Rhetoriker) *Abraham Lincoln* überaus treffend formulierte:

„Sie können die Menschen eine Zeitlang täuschen; Sie können sogar einige Menschen die ganze Zeit täuschen; Sie können aber nicht alle Menschen die ganze Zeit täuschen."

Dieser weise Satz trifft den Kern einer nachhaltig wirkungsvollen Rhetorik. Genau darum geht es. In diesem Sinne werden Sie nun erfahren, wie Sie rhetorische Mittel bewusst und im Sinne einer fairen und partnerorientierten Kommunikation einsetzen können, damit Sie bessere und nachhaltige Gesprächs- und Verhandlungserfolge erzielen können.

Die fünf Stufen effektiver Gesprächsführung und Verhandlung

Unproduktive Gesprächsrunden und Verhandlungen sind für alle Beteiligten immer extrem unbefriedigend. Wenn sich der erhoffte Gedankenaustausch nicht einstellt, Ziele und Erwartungen unerreicht bleiben, dann werden Zeit und Potenziale verschwendet. Ziel- und strategielose Gespräche bewirken schnell Frustration bei allen Teilnehmern. Solche Enttäuschungen werfen obendrein gleich noch einen Schatten auf künftige Gespräche, die als Folgeeffekt manchmal auch gänzlich vermieden werden. Umso erfreulicher sind effektive Gespräche und Verhandlungen, die für beide Seiten gewinnbringend enden und echte Resultate liefern. Produktive Gespräche bleiben positiv in Erinnerung und sind immer ein erfreuliches Ereignis.

Die Kunst der Gesprächsführung

Die Kunst einer effektiven Rhetorik liegt darin, den oder die Partner durch stichhaltige Argumente im Rahmen eines fairen Gesprächs langfristig zu überzeugen. Sicher lassen sich mitunter auch kleine Siege erreichen, wenn wir unser Gegenüber überrumpeln oder überreden.

Doch befindet man sich mit solchen Taktiken auf der falschen Fährte: Denn wenn Sie einen Sieg davontragen, heißt dies gleichzeitig auch, dass ein anderer – Ihr Gesprächspartner – der Verlierer sein muss. Und hier gilt es zu bedenken: Verlierer sind auf Dauer weder gute Kunden noch gute Mitarbeiter. Im Gegenteil, es sind die zähesten Verhandlungspartner von morgen. Denn wer will sich schon gerne zweimal überrumpeln lassen?

Das effektive Gespräch ist natürlich erfolgsorientiert, es ist aber nicht minder partnerorientiert. Beides lässt sich miteinander vereinbaren. Und jedes zielorientierte Gespräch braucht eindeutige Inhalte für die Gesprächsagenda. Tatsächlich scheitern viele Gespräche jedoch genau daran, dass eben die Hauptinhalte schon fast meisterhaft umschifft werden. Anstatt die Fakten, Absichten und Intentionen offen auf den Tisch zu legen, verlagern die Teilnehmer das Gespräch auf redundante Nebenschauplätze, die nur vom Ziel ablenken.

So entstehen diffuse Gespräche voller Zufälligkeiten, Ablenkungen und Ausweichmanöver. Der Weg zum Ziel wird damit nur unnötig in die Länge gezogen oder das Ziel wird ganz aus den Augen verloren.

Eindeutige Zielsetzungen

Klare Zielsetzungen, die von allen Teilnehmern getragen werden, erleichtern nicht nur den methodischen Ablauf, sie aktivieren auch die Gesprächspartner und beseitigen Blockaden. Das Fehlen einer erkennbaren Struktur führt nur zu Abwehrmechanismen und Resignation, es macht unzufrieden, mitunter sogar aggressiv. Deshalb ist ein methodischer Aufbau unerlässlich.

Der Weg hin zur effektiven Gesprächsführung und Verhandlung führt über die folgenden fünf Stufen:

1. Stufe: die Planung

Die Gesprächsplanung beinhaltet einen direkten Bezug zur Gesprächsvorbereitung; entgegen der zuweilen verbreiteten Meinung, dass es sich hierbei um ein und denselben Schritt handelt, bildet die Gesprächsplanung jedoch eine separate Stufe. Planung und Vorbereitung dürfen also nicht verwechselt oder vermischt werden.

Erst durch eine sorgfältige Planung wird eine effektive Vorbereitung möglich. Beides zusammen bildet die Grundlage dafür, dass der spätere Gesprächs- oder Verhandlungspartner spürt, dass Sie sich der gemeinsamen Angelegenheit tatsächlich gewidmet haben und in der Sache sowie hinsichtlich der individuellen Bedürfnisse des Partners Bescheid wissen.

Die Planung erfolgt zeitlich getrennt von der Vorbereitung und sollte möglichst frühzeitig stattfinden. In der Planungsphase geht es sowohl um Sie selbst als auch um Ihren späteren Gesprächs-/Verhandlungspartner, dabei werden mögliche Zielsetzungen beider Seiten und organisatorische Aspekte berücksichtigt.

Vorüberlegungen in der Planungsphase:

- Was sind die eigenen Zielsetzungen? Überlegen Sie sich, welche Ziele überhaupt erstrebenswert sind und auch, wo Ihre persönlichen Grenzen liegen.

- Welche Verhandlungsziele sind generell realistisch? Berücksichtigen Sie hierbei auch die Perspektive des Verhandlungspartners. Bei welchen Punkten könnten die Vorstellungen beider Seiten deckungsgleich sein, und wo werden womöglich Differenzen auftreten?

- Notieren Sie sich Ihre Ziele, und suchen Sie passende Argumente, die auch aus der Perspektive Ihres Partners stichhaltig sind.

- Argumentationen erhalten mit geeignetem Anschauungsmaterial eine höhere Transparenz. Gibt es Grafiken, Bilder, Tabellen, Statistiken etc., die Sie hierfür einsetzen können?

- Was wird von Ihnen erwartet? Versuchen Sie sich bewusst zu machen, mit welchen Erwartungen Ihre Verhandlungspartner in das Gespräch gehen.

- Sammeln Sie Informationen über den oder die Gesprächspartner. Welche Positionen wird der Partner in der Verhandlung voraussichtlich einnehmen? Und welches sind seine Motive dafür?

- Einzel- oder Gruppengespräch? Falls es sich um ein Gruppengespräch handelt, wer sind dann die anderen Teilnehmer? Und wer hat hier welche Aufgaben und Fachkenntnisse?

- Aus der Berücksichtigung dieser Punkte können Sie abschließend eine sehr wichtige Frage klären: Wie viel Zeit wird eine sorgfältige Vorbereitung beanspruchen? Auf keinen Fall sollte die anschließende Vorbereitung unter Zeitdruck erfolgen.

2. Stufe: die Vorbereitung

Schlecht oder sogar unvorbereitete Verhandlungen verlaufen selten erfolgreich. Natürlich kann kein Gespräch bis ins Detail geplant werden – insbesondere individuelle Reaktionen, die womöglich noch von einer spezifischen Stimmungslage abhängen, lassen sich kaum voraussehen. Doch lassen sich vorab durchaus klare Strukturen definieren, wichtige Inhalte bestimmen und relevante Eckpunkte markieren. Es geht darum, Störfaktoren und Blockaden auszuschalten und einen fruchtbaren Boden für das Gespräch/die Verhandlung zu bereiten.

Innere Einstellung

Ein Gespräch, das auf Sympathie baut, erleichtert die gesamte Verhandlung und optimiert die Erfolgsquote erheblich. Doch natürlich gehört Sympathie nicht zu den planbaren

Faktoren. Einige Weichen lassen sich allerdings bereits im Vorfeld stellen. Und dies beginnt bei Ihrer inneren Einstellung zum Gesprächspartner und zur Verhandlung selbst. Es ist einleuchtend, dass eine anstehende Verhandlung kaum auf Sympathie bauen kann, wenn Sie schon vorab mit Widerwillen und Unbehagen an das Gespräch denken. Stellen Sie sich daher im Rahmen der Gesprächsvorbereitung auf Ihren Partner ein, versetzen Sie sich in seine Perspektive, um so ein besseres Verständnis für seine Position zu erhalten. Und wenn Sie Positionen begreifen und tatsächlich verstehen, ist es nicht mehr weit zur Sympathie.

Zur zwischenmenschlichen Vorbereitung gehören:

- eine positive Einstellung zu sich selbst und zum Gesprächspartner;

- das Akzeptieren der Rahmenbedingungen, also der Vorzeichen, unter denen das Gespräch/die Verhandlung stattfindet;

- sich nicht von Vorurteilen leiten zu lassen;

- die Einstimmung in die Perspektive des anderen.

- Auf dieser Basis werden gemeinsame Ziele leichter erreicht und destruktive Konflikte vermieden.

Ziele, Inhalte, Argumentationen

Nachdem Sie in der Planung bereits erste Zielsetzungen abgesteckt haben, gilt es, diese in der Vorbereitungsphase nun zu konkretisieren. Zudem ist eine Verhandlung nur selten mit nur einem Ziel verknüpft, meistens sollen direkt mehrere Ziele – allerdings mit unterschiedlicher Gewich-

tung – erreicht werden. Daher ist es wichtig, die Zielvor-
stellungen zu präzisieren und entsprechend einzustufen.
Hierbei hilft eine Prioritätenliste, die mit absolut unerläss-
lichen Zielsetzungen beginnt und hierarchisch bei weniger
bedeutenden Zielen endet. Was muss, was soll und was
kann verhandelt werden? Einigen Zielen können zudem
Alternativziele oder mögliche Kompromisse zugeordnet
werden, die ebenfalls noch akzeptabel wären. Andere Zielsetzungen und Positionen sind vielleicht unerlässlich und
nicht ersetzbar. Welche sind das?

Vergegenwärtigen Sie sich außerdem:

- Welches ist das optimale Verhandlungsresultat?

- Welches ist ein gutes Resultat?

- Welches Resultat ist noch akzeptabel?

- Welches Resultat ist schlecht?

- Und welches Resultat kann im ungünstigsten Falle eintreten?

Im Fokus bleibt dabei immer ein optimales Resultat. Erst
wenn das bestmögliche Ergebnis sicher nicht mehr erzielt
werden kann, wird ein Ergebnis der nächsten Ebene ins
Visier genommen.

Als nächster Schritt folgt nun die Erstellung einer adäqua-
ten Verhandlungsstruktur. Hierbei ist auch zu berücksichtigen, dass die Gesprächsagenda niemals überfrachtet werden
sollte. Der Aufnahme- und Konzentrationsfähigkeit sind
Grenzen gesetzt. Und die Erfahrung zeigt, dass während des
Gesprächs immer zusätzliche Aspekte auftauchen, die zuvor

nicht berücksichtigt wurden. Schon allein mit dem Wissen, dass immer auch nicht einkalkulierte Punkte auftreten können, sichern Sie sich dringend benötigte Spielräume.

Ambitionierte Verhandlungsziele lassen sich nur mit guten Argumenten erreichen. Schließlich wollen Sie Ihr Gegenüber mit einer stichhaltigen Beweisführung überzeugen.

Informationsrecherche

Häufig werden Sie bereits über einen gewissen Informationspool verfügen, auf den Sie für die Verhandlung zurückgreifen können. Dabei ist es wichtig, vorliegende Informationen auf Brauchbarkeit und vor allem Richtigkeit zu überprüfen. Wenn Sie sich im Gespräch bspw. „belehren" lassen müssen, dass Sie mit veralteten Zahlen arbeiten, spricht das sicher nicht für Ihre Professionalität.

Seien Sie also vorsichtig mit der Präsentation von Informationen, wenn Sie nicht hundertprozentig wissen, dass es sich um fundierte Fakten handelt. Je größer Ihr Fachwissen ist, umso leichter wird Ihnen die Argumentation fallen. Die benötigten Informationen sind unbedingt auch hinsichtlich ihrer Vollständigkeit zu prüfen.

Kein Gespräch, keine Verhandlung kommt ohne fundiertes Fachwissen der Beteiligten aus. Ein komplettes Bild über die relevanten Sachverhalte erhalten Sie dabei am ehesten, wenn Sie mehrere unterschiedliche Informationsquellen für die Recherche nutzen. Ein fundiertes Wissen über den Verhandlungspartner sowie über fachliche Aspekte signalisiert zudem auch Ihre persönliche Wertschätzung des Gegenübers! Umfassende Kenntnisse ermöglichen es Ihnen, die

Verhandlung in logische, aufeinander aufbauende Teilschritte einzuteilen und so eine optimale Strukturierung zu schaffen.

Administration und Organisation

Jeder Gesprächs- und Verhandlungspartner hat immer gerne mit einem souverän agierenden Gegenüber zu tun. Das erleichtert die Situation, gerade auch bei fachlich schwierigen Verhandlungen, für alle Beteiligten ungemein. Ganz sicher wird man Ihnen eine professionelle Vorbereitung schließlich danken.

Ein wichtiges Zeichen der Professionalität ist die Art der Vorbereitung Ihrer Unterlagen. Eine Dokumentenmappe mit dem Logo und Namen des Verhandlungspartners zu versehen, kostet wenig Zeit, signalisiert dafür Ordnung und einmal mehr die Wertschätzung des Gesprächspartners. Natürlich müssen die einzelnen Dokumente selbst sauber und gut strukturiert sortiert werden, damit Sie benötigte Blätter ohne hektisches Herumsuchen schnell auffinden können. Dies sollte eine Selbstverständlichkeit sein, dennoch werden diese Aspekte in der Praxis oft noch immer vernachlässigt.

Unbedingt sollten Sie sich schon vor dem Gespräch überlegen, ob und an welchen Stellen des Gesprächs Sie auf weitere Hilfsmittel (Projektor, Computer, Flipchart etc.) zurückgreifen wollen. Achten Sie nicht nur darauf, dass die benötigten Geräte am Tag der Verhandlung auch tatsächlich zur Verfügung stehen – überzeugen Sie sich bitte auf jeden Fall auch, ob alles ordnungsgemäß funktioniert. Prüfen Sie sogar, ob Füllhalter, Marker usw. einsatzbereit sind.

Nichts ist peinlicher als ein defekter Projektor, ein fehlender oder nicht schreibender Marker!

Eine gute Organisation berücksichtigt auch Aspekte, die meistens gar nicht eintreten – deren Vernachlässigung, wenn sie denn nun doch einmal vorkommen, jedoch einen echten Patzer darstellen würden: Hat Ihr Gesprächspartner bspw. genau am Tag des Termins Geburtstag? Dann sollten Sie es auf jeden Fall wissen. Oder gibt es vielleicht Formulierungen oder Themen, auf die Ihr Gesprächspartner allergisch reagiert?

3. Stufe: der Einstieg

Vor der Verhandlung wird von den Gesprächspartnern zunächst einmal das Terrain sondiert. Hierbei zeigt sich, ob es Ihnen gelingt, den Weg zu ebnen, um später erfolgreich operieren zu können. Interaktionshemmnisse, die während der Eröffnungsphase auftreten oder sich hier manifestieren, können kaum mehr aus dem Weg geschafft werden. Es gilt also, zunächst eine positive Atmosphäre zu schaffen, in der sich Ihr Gesprächspartner wohlfühlt. Gerade der erste Eindruck ist es, der sehr häufig über Erfolg oder Misserfolg der anstehenden Verhandlung entscheidet. Ein verpatzter Einstieg hat immer negative Auswirkungen auf das Gespräch. Und folgenschwere Fehler können schon auftreten, bevor auch nur ein einziges Wort zwischen den Verhandlungspartnern gewechselt wurde.

Gesprächspartner haben Erwartungen

Insbesondere dann, wenn der Gesprächspartner zu Ihnen kommt, denken Sie bitte nicht nur an die Verhandlung selbst, sondern auch an die Eindrücke, die Ihr Gesprächspartner sammelt, bevor Sie sich überhaupt gegenübertreten. – Wenn Ihr Verhandlungspartner bspw. schon bei der Anfahrt Probleme hat, Ihr Unternehmen oder den Eingang nicht findet, es anschließend mit einer unhöflichen Sekretärin zu tun bekommt und sich dann im Labyrinth der Bürozimmer erneut verirrt, dann findet die Verhandlung unter denkbar schlechten Vorzeichen statt. Solche Aspekte zu berücksichtigen, zählt daher ebenfalls zur Vorbereitungsphase.

Jeder Gesprächspartner kommt mit gewissen Erwartungen, positiven wie negativen, zum Gespräch – und mit den ersten Eindrücken werden diese bestätigt oder widerlegt. Vorurteile werden vertieft oder aber abgebaut. Hier geht es noch lange nicht um die Sache, sondern zunächst um die emotionale Ebene. Jeder Mensch macht sich zuerst einmal ein bestimmtes Bild und will sich über den Gesprächspartner (und sein Unternehmen) klar werden. Hierbei werden zahlreiche Signale verarbeitet, die letztendlich über die Grundeinstellung zum Gesprächspartner entscheiden.

Der erste Kontakt

Eine wichtige Phase ist natürlich das erste Zusammentreffen der Verhandlungspartner. Die hier ausgesendeten Signale werden besonders intensiv wahrgenommen. Wir alle neigen dazu, andere in bestimmte Kategorien einzuordnen. Im Hinterkopf machen wir uns unsere Gedanken: „der ist wie ...", „macht den Eindruck, dass ...", „sieht aus wie ..." usw. Unser Urteil hängt hier vor allem von den Äußerlichkeiten ab. Kleidung, Blickkontakt, Haltung, Mimik, Gesten usw. sind Faktoren, die wir ganz automatisch auswerten und zu einem bestimmten Bild zusammensetzen. Noch immer haben Sie vielleicht kein einziges Wort miteinander gewechselt und haben doch schon ein bestimmtes Bild vom Gegenüber.

Miteinander warm werden

Während der Eröffnungsphase kommt es darauf an, eine positive Grundstimmung zu schaffen, die dann das folgende Gespräch tragen wird. Versuchen Sie sich von negativen Emotionen und Nervosität zu befreien, und kommen Sie niemals gehetzt in ein Gespräch.

Dass Sie Ihren Gesprächspartner natürlich mit Namen (und ggf. Titel) und Handschlag begrüßen, dürfte eine Selbstverständlichkeit sein. Dazu gehört immer auch ein Lächeln und direkter Blickkontakt. Überhaupt gilt es nun, erst einmal Kontakt zum Gegenüber herzustellen. Eine Verhandlung und jedes gute Gespräch ist eine recht intime Angelegenheit, die eine gewisse Nähe ebenso voraussetzt wie Vertrauen. Und zu Beginn eines Zusammentreffens ist man eher zurückhaltend, vor allem, wenn es sich um ein erstes Zusammentreffen handelt.

Die Gesprächseröffnung ist damit zugleich auch eine Aufwärmphase. Ihr Gegenüber braucht also eine bestimmte Zeit, um auf Betriebstemperatur zu kommen. Was nun eine angemessene Dauer ist, lässt sich nicht allgemeingültig bestimmen, die individuellen Unterschiede sind hier zu groß. Wenn Sie jedoch etwas Fingerspitzengefühl an den Tag legen und Ihr Gegenüber aufmerksam beobachten, werden Sie spüren, ob die Aufwärmphase ausgedehnt oder eher kurz gehalten werden sollte.

Versuchen Sie schon anfangs Gemeinsamkeiten zu finden, die sich für eine unverkrampfte Konversation eignen. Hierbei muss übrigens wirklich nicht immer über das Wetter gesprochen werden. Sicher lassen sich auch persönlichere Punkte finden, die weniger eintönig sind. Reden Sie nicht nur selbst, hören Sie zu, versuchen Sie dabei auch, zwischen den Zeilen zu lesen.

Ein Gesprächspartner spürt es schnell, ob er es mit einem guten Zuhörer zu tun hat oder mit jemandem, der nur mit sich selbst beschäftigt ist. Gerade mit einer mangelnden Bereitschaft zum Zuhören reißt der mühsam gezogene Kontaktfaden schnell wieder ab. Ein aufmerksamer Gesprächspartner hingegen weckt Vertrauen und schafft Sympathie, denn das Gegenüber wird echtes Interesse an seiner Person ganz bestimmt wahrnehmen. So erreichen Sie einen fließenden Übergang und schlagen eine Brücke hin zu den Sachthemen.

4. Stufe: die Durchführung

In Gesprächen und Verhandlungen wollen und müssen Sie Ihre Zielsetzungen erreichen und Ihren Partner mit triftigen Argumenten von der Richtigkeit Ihrer Vorstellungen überzeugen. Eines der konstruktivsten Mittel dafür lässt sich jedoch weder planen noch erlernen: die eigene Überzeugung und Begeisterung. Nichts hilft Ihnen mehr, ist glaubwürdiger und wirkt authentischer als der eigene Enthusiasmus. Wenn Sie von den eigenen Ideen und Zielen wirklich überzeugt sind, werden auch andere ihre Zweifel schnell vergessen und Ihnen bereitwillig zustimmen.

Begeisterung ist ansteckend

Wie ansteckend echte Begeisterung wirkt, haben Sie sicher selbst, z. B. im privaten Umfeld, schon oftmals erlebt. Denken Sie nur an die letzte Urlaubsplanung. Von faden und gelangweilt vorgetragenen Argumenten werden Sie sich nicht überzeugen lassen. Und Geschäftspartner sind hier letztendlich auch nicht anders gestrickt. Wenn Sie also leidenschaftlich von einer Sache überzeugt sind, gibt es keinen Grund, diesen Enthusiasmus zu verbergen. Die eigene Begeisterung hat geradezu magische Wirkungen, denen sich auch Verhandlungspartner kaum entziehen können.

Gesprächspartner haben ein feines Gespür

Beachten Sie, dass Ihr Gegenüber meist sehr genau spürt, ob Sie das Gesagte auch tatsächlich meinen und engagiert dafür einstehen – oder nicht. Denken Sie deshalb auch daran, sich nicht zu früh auf spezifische Meinungen oder Aussagen festzulegen. Eine einmal geäußerte Ansicht lässt sich nur unter größten Verrenkungen wieder revidieren und nimmt Ihnen wichtige Bewegungsfreiheit. Es ist ein großes Handikap, im Gesprächsverlauf auf eine Meinung festgenagelt zu werden, die man dann auch noch selbst vertreten muss, obwohl sie gar nicht mehr zur eigenen Argumentation passt.

Wenn Sie sich wirklich einmal vergaloppiert haben, ist es oft die elegantere Lösung, Einsicht zu zeigen und Irrtümer einzugestehen. Damit findet die missliche Situation ein rasches

Ende, und Sie laufen nicht Gefahr, dass ein und dieselbe Sache unaufhörlich breitgetreten wird. Überhaupt ist es ein bewährtes Mittel, Kritikpunkte vorwegzunehmen. Wenn es welche gibt, dann werden sie ohnehin angesprochen. Mit der Offenlegung schaffen Sie Vertrauen und zeigen zudem zweierlei: dass Sie in der Lage sind, die Dinge abzuwägen, und dass Sie den Sachverhalt bereits von mehreren Seiten durchdacht haben.

Überzeugen statt überreden

Sie wollen Ihren Gesprächspartner überzeugen und nicht als Sieger eines Rededuells dastehen. Daher gilt es, die eigenen Argumente gut zu präsentieren und mit den vorbereiteten Hilfsmitteln zu untermauern. Auch hier ist es sehr wichtig, selbst ein aufmerksamer Zuhörer zu bleiben. Es kann nie schaden, dem Gegenüber echtes Interesse an seiner Meinung zu signalisieren. Dies steigert vielmehr seinerseits die Bereitschaft, auch Ihnen Aufmerksamkeit zu schenken. Und die brauchen Sie unbedingt, wenn Sie überzeugen wollen.

Hier noch einige wichtige Tipps für erfolgreiche Gespräche und Verhandlungen:

- Lassen Sie sich niemals provozieren! Unkontrolliertes aus der Haut fahren führt lediglich zu einer Eskalation bestehender Konflikte, bringt jedoch nichts für die Sache.

- Schweifen Sie nicht vom Thema ab, damit sich das Geschehen nicht auf Nebenschauplätze verlagert.

- Unterbrechen Sie Ihren Gesprächspartner nicht! Unterbrechungen sind nicht nur unhöflich, sie sind auch ein Zeichen der eigenen Ungeduld.

- Lassen Sie sich nicht unterbrechen! Wenn Sie sich einmal in einem wichtigen Gedanken unterbrechen lassen, wird ein unfairer Gesprächspartner dies unter Umständen zur Methode machen und damit Ihre Argumentation boykottieren.

Sprechen Sie die Sprache Ihres Gegenübers! Man schaltet schnell auf Durchzug oder baut Blockaden auf, wenn man es mit einer unpräzisen Sprache zu tun bekommt. Sie wollen vor allem gehört und verstanden werden. Dies gelingt am besten, wenn sich die Gesprächspartner sprachlich auf gleichem Niveau bewegen.

5. Stufe: Abschluss / Verabschiedung / Nachbearbeitung

Kein Gespräch endet abrupt und kann nach der Durchführung sofort zu den Akten gelegt werden. Häufig wird vergessen, dass die folgenden Phasen ebenso zum Erfolg beitragen wie ein guter Gesprächsverlauf selbst. Erst mit der Einbeziehung der fünften Stufe nutzen Sie das ganze Potenzial einer tatsächlich effektiven Gesprächsführung.

Abschluss

Nachdem Sie alle Inhalte der Verhandlung besprochen haben, gilt es in der Abschlussphase, die wichtigsten Aspekte nochmals zusammenzufassen. Die Zusammenfassung ist dabei der Übergang zum Gesprächsabschluss. Indem Sie das Geschehen mit prägnanten Worten resümieren, stellen

Sie sicher, dass keine Missverständnisse auftreten und dass alle Beteiligten die Kernaussagen gleichermaßen verstanden haben. Bedenken Sie, dass es extrem unerfreulich ist, wenn sich einige Tage später herausstellt, dass die Verhandlungspartner mit unterschiedlichem Verständnis von einer Sache aus der Verhandlung gegangen sind. Betonen Sie in der Zusammenfassung insbesondere Gemeinsamkeiten. Dies zeigt Ihrem Gegenüber, dass Sie gemeinsam wirklich etwas erreicht haben.

Verabschiedung

Zeigen Sie Ihrem Gesprächspartner, dass Sie gerne mit ihm gesprochen haben und sich auch auf die weitere Zusammenarbeit freuen. Machen Sie deutlich, dass die erzielten Ergebnisse für Sie beide einen Gewinn darstellen. Vermitteln Sie dem Gesprächspartner auf keinen Fall den Eindruck, dass er nun, nachdem ja alles besprochen ist, schnell abgefertigt wird. Lassen Sie sich ausreichend Zeit. Verabschieden Sie sich per Handschlag, mit einem Lächeln und nennen Sie Ihren Gesprächspartner beim Namen. Danken Sie ihm für das konstruktive Gespräch und zeigen Sie dem Gesprächspartner, dass er auch zukünftig auf Sie zählen kann.

Nachbearbeitung

Ausgerechnet der Auswertung von Gesprächen und Verhandlungen wird häufig eine zu geringe Beachtung geschenkt. Dabei ist eine gründliche Auswertung nicht nur für das stattgefundene, sondern auch für künftige Gespräche sehr aufschlussreich.

In der Nachbearbeitung können Sie zunächst die eigenen Zielsetzungen hinsichtlich des vorausgegangenen Gesprächs reflektieren und zugleich Verbesserungsmöglichkeiten für künftige Gespräche im Auge behalten.

- Welche Ziele konnten Sie nicht erreichen, und warum nicht?

- Waren Ihre Argumente überzeugend?
  Welche waren überzeugend, welche waren weniger gut?

- War Ihre Gesprächsplanung und -vorbereitung sorgfältig genug?

- Wie war die Gesprächsatmosphäre?

- Wie war die gesamte Organisation?

- Waren Sie mit dem Kommunikationsverhalten insgesamt zufrieden?

- Aus den meisten Gesprächen ergeben sich bestimmte Folgeaktivitäten (Verträge schreiben etc.). Notieren Sie sich die entsprechenden Aufgaben und leiten Sie notwendige Maßnahmen ein. Denken Sie dabei insbesondere an zugesicherte Sofortmaßnahmen.

Durch die Klärung dieser Aspekte ergibt sich eine objektive Bewertung des vorangegangenen Gesprächs. Eine solche Analyse offenbart einerseits etwaige Schwachstellen und verdeutlicht gleichzeitig die Elemente, die zum Erfolg des Gesprächs beigetragen haben. Diese Erkenntnisse gilt es, unbedingt bei der Planung zukünftiger Gespräche zu berücksichtigen, um sich so die Gesprächserfolge von morgen zu sichern.

Fast jedes Gespräch im beruflichen Alltag hat die Umset-
zung der eigenen Interessen und die gemeinsame Einigung
zwischen den Geschäftspartnern zum Ziel und wird damit
zur Verhandlung. Um in diesen Situationen erfolgreich zu
agieren, bedarf es zweifellos einer professionellen Gesprächs-
führung.

Daher zählt diese Fähigkeit inzwischen branchenüber-
greifend zu den unverzichtbaren Kernkompetenzen aller
Berufstätigen, insbesondere in Führungspositionen. Der
erfolgreiche Verlauf der Gespräche entscheidet dabei oftmals
über den Erfolg der aktuellen Projekte und damit auch über
den ganz persönlichen Erfolg. Es gilt also, die eigenen Ziel-
setzungen zu erreichen, ohne dabei die Beziehungen zu den
Gesprächspartnern zu belasten.

Lesen Sie nun, wie Sie Ihr kommunikatives Geschick ganz
speziell im Beruf einsetzen und noch weiter optimieren kön-
nen.

7. Regeln für gelungene Verhandlungen

In beruflichen Gesprächen und Verhandlungen treffen nicht selten ganz unterschiedliche Interessenlagen aufeinander. Weil hierbei dennoch eine Einigung erzielt werden muss, entstehen schnell sehr komplexe Gesprächssituationen. Um das Gegenüber hier für die „eigene Sache" gewinnen und von der eigenen Position überzeugen zu können, sind daher hervorragende kommunikative Fähigkeiten unbedingt erforderlich.

Bereiten Sie sich gut vor

Der erste Schritt zu einer gelungenen Verhandlung ist die richtige Vorbereitung. Machen Sie sich Gedanken zum möglichen Ablauf des Gesprächs. Welche Interessen, Standpunkte und Positionen kann Ihr Gegenüber haben? Wie stehen die Interessenlagen verschiedener Personen zueinander und welche Auswirkung wird dies voraussichtlich für Ihr Projekt haben?

Es ist darüber hinaus unerlässlich, wichtige Rahmenbedingungen der Verhandlung bereits im Vorfeld zu klären. Dabei stellt sich zuerst die grundsätzliche Frage: Sollen Verhandlungen überhaupt aufgenommen werden? Die Frage ist keineswegs profan, denn aus einer Verhandlung können sich unter Umständen schwerwiegende Konsequenzen ergeben. Welche Folgen ergeben sich zum Beispiel, wenn es zu keiner Einigung kommen sollte? Sind diese Folgen vertretbar? Ist es denkbar, dass der Verhandlungspartner sich nach einer gescheiterten Verhandlung möglicherweise aus dem Projekt zurückzieht? Und sind Sie selbst zum jetzigen Zeitpunkt überhaupt ausreichend gewappnet für eine Verhandlung? Oder steht zu befürchten, dass Sie zu große Zugeständnisse machen müssten, wenn Sie sich zu diesem Zeitpunkt auf eine Verhandlung einließen?

Oder denken Sie beispielsweise an die Situation, wenn ein kleineres Unternehmen die Möglichkeit erhält, mit einem Großunternehmen über einen Auftrag mit bisher ungekannten Dimensionen zu verhandeln. Hier muss sehr genau überlegt werden, ob die Ergebnisse der Verhandlung für das kleine Unternehmen überhaupt umsetzbar sind. Manch ein ungeschulter Manager lässt sich vorschnell auf Vereinbarungen ein, wenn ein großer Auftrag lockt, ohne im Detail abzuschätzen, ob eine Umsetzung der Verhandlungsergebnisse mit den Kapazitäten des eigenen Unternehmens überhaupt in der vereinbarten Zeit zu realisieren ist. Sind Vereinbarungen jedoch erst einmal vertraglich fixiert und unterschrieben, ist ein späterer Rückzieher nicht mehr möglich.

Zudem gibt es auch Fälle, in denen Verhandlungen einfach keinen Sinn machen, weil bestimmte unveränderliche Bedingungen Voraussetzung für die Zusammenarbeit sind, die für das eigene Projekt oder Unternehmen jedoch von Nachteil oder nicht zu realisieren sind. Beispiel dafür sind Bedingungen von großen Unternehmen für die Zusammenarbeit mit Lieferanten. Hier gibt es für den neuen Lieferanten oft keinen Spielraum für die Einbringung eigener Bedingungen, sondern nur die Wahl zwischen Akzeptieren oder Ablehnen.

Deshalb kann es nach einem Gegenüberstellen von Pro und Contra manchmal sogar die weitsichtigere Entscheidung sein, sich auf eine Verhandlung erst gar nicht einzulassen. In allen Fällen ist daher ein sehr sorgfältiges Abwägen angezeigt, ob eine Verhandlung überhaupt aufgenommen werden sollte.

Neben diesen grundsätzlichen Aspekten sind im Vorfeld noch weitere Punkte zu klären.

Stellen Sie sich dazu die folgenden Fragen:

- Worüber wird überhaupt verhandelt und worüber nicht? – Bei einigen Verhandlungen sind die Grenzen klar abgesteckt, bei anderen bestehen größere Spielräume. Auch das gemeinsame Verhandlungsziel (beispielsweise die Auftragsvergabe und die Konditionen der Abwicklung) kann sehr genau spezifiziert sein oder auch vorerst offen bleiben.

- Wer verhandelt für die jeweiligen Parteien? – Jede Partei wird versuchen, einen qualifizierten und geeigneten Vertreter für seine Interessen ins Rennen zu schicken. Hierfür sind nicht nur Vorüberlegungen notwendig, wer die Interessen auf der eigenen Seite am besten vertreten kann, sondern auch, welches der oder die Gegenspieler in der Verhandlung werden. Zuweilen ist es notwendig, dass mehrere Personen an der Verhandlung teilnehmen, zum Beispiel wenn eine Entscheidung die Vollmacht mehrerer Handlungsbefugter benötigt oder das Fachwissen verschiedener Projektbereiche für die Verhandlung gebraucht wird.

- Welche Kompetenzen, Befugnisse und Vollmachten haben die Personen, die an der Verhandlung teilnehmen? Weil in Verhandlungen Entscheidungen von teilweise erheblicher Tragweite getroffen werden, muss mit den Beteiligten geklärt sein, ob und an welcher Stelle die Befugnisse enden. Zu geringe Kompetenzen erschweren dabei den Standpunkt in der Verhandlung und engen hinsichtlich der Spielräume ein; bei außerordentlich großen Vollmachten muss man sich im Klaren sein, dass diese unter Umständen auch tatsächlich eingesetzt werden und dann verantwortet werden müssen.

- Worüber besteht bereits im Vorfeld Einigkeit, und an welcher Stelle sind Differenzen zu erwarten? – Unstrittige Punkte brauchen nicht verhandelt zu werden, Problembereiche werden dagegen besonders sorgfältig in die Verhandlungsvorbereitung einfließen.

- Welche Konzessionen können gemacht werden, welche nicht? – Hier müssen die Vertreter der Parteien wissen, wie weit sie gehen können. Solche Aspekte erfordern sorgfältige Überlegungen im Vorfeld und betreffen Fragen wie zum Beispiel: Was und wie viel kann bis zu welchem Zeitpunkt geliefert werden? Und zu welchen Preisen?

- Wie viele Arbeitskräfte stehen zur Verfügung? Können die eigenen Zulieferer die Materiallieferungen in ausreichendem Maße erhöhen?

- Was passiert nach der Verhandlung? – Wer gestaltet ggf. erforderliche Verträge? Was genau wird hier fixiert? Außerdem können Nachverhandlungen erforderlich werden.

Derartige Vorüberlegungen sind absolut notwendig, damit nicht erst in der Verhandlung Fragen von essentieller Bedeutung auftreten.

Gute Verhandlungen brauchen klare Zielstellungen

Ein weiterer, sehr wichtiger Aspekt für gelungene Verhandlungen ist die größtmögliche Klarheit hinsichtlich der eigenen Zielsetzungen. In diesem Zusammenhang ist es wichtig, dass Sie Ziele nicht mit Positionen verwechseln. Um Ziele lässt sich verhandeln, um starre Positionen jedoch nicht – diese können lediglich akzeptiert oder abgelehnt werden. Für gelungene Verhandlungen ist ein möglichst breiter Verhandlungsspielraum unerlässlich. Starre Positionen führen dagegen dazu, dass Wege zum Erreichen der gemeinsamen Ziele oftmals nicht mehr erkannt werden, weil man sich auf einem zu engen Terrain bewegt.

Dennoch ist es von großer Bedeutung, dass Sie Ihre Ziele so konkret wie möglich formulieren. Wenn Sie vor einer Verhandlung sagen: „Wir wollen das Bestmögliche herausholen!", hört sich das zunächst zwar schön an, doch ein konkretes Verhandlungsziel haben Sie damit noch nicht aufgestellt: Es kann alles oder nichts sein. Mit einer solchen

Aussage entstehen Gefahren, die sich ganz gegensätzlich äußern können: Das Verhandlungsziel wird entweder viel zu hoch angesiedelt oder es wird kein vernünftiges Limit nach unten gesetzt. Beides sollte unter allen Umständen vermieden werden.

Beispiele für klar formulierte Ziele:

- Wir wollen bis zum 31. März vier neue Produktversionen mit höchster Qualität produzieren. Das Verhandlungsziel ist die gemeinsame Schaffung der notwendigen Voraussetzungen für den Produktionsstart am 01. März laut vorliegender Checkliste.

- Ziel der Verhandlung mit der Geschäftsführung ist die Einstellung von 40 neuen Mitarbeitern zur Fertigungsunterstützung unter Berücksichtigung der Produktionsrichtlinien, die im Einvernehmen mit den Vereinbarungen des Unternehmens mit dem Betriebsrat hinsichtlich des Sozialabbaus stehen.

- Ziel der Verhandlung mit dem externen Lieferanten ist die Senkung der Bezugspreise um mindestens 5 Prozent bei gleichzeitiger Anhebung der Bezugsmenge.

Überzogene Ziele, die mehr auf Wunschdenken als auf realistischen Chancen beruhen, sind immer überaus kontraproduktiv. Man vergisst dabei schnell, dass die Verhandlungspartner einen genau gegensätzlichen Standpunkt einnehmen werden. Damit sind dann Konflikte und negative Emotionen programmiert. Zudem werden übersteigerte Zielsetzungen oft schon zu Beginn einer Verhandlung auf den Boden der Tatsachen zurückgeführt. Und wenn Sie dann schließlich erkennen, dass die Ziele zu hoch gegriffen sind, ist damit manchmal schon der Einstieg in die Verhandlung verpatzt. Nur selten stellen sich Erfolge ein, wenn man in der Verhandlung direkt aufs Ganze geht und zu hoch pokert. Für die Obergrenze von Zielsetzungen lassen sich keine pauschalen Richtwerte angeben, hier sind immer Fingerspitzengefühl, Branchenkenntnisse und auch Erfahrungswerte gefragt.

Im Zweifelsfalle sollte man sich hier ruhig einmal den Rat eines erfahrenen Kollegen und der Team-Mitglieder einholen. Denn das Risiko, dass ein Verpassen extrem hoher Ziele in einer totalen Niederlage endet, ist ziemlich hoch. Doch auch der Versuch, ein Verhandlungsziel um jeden Preis zu erreichen, ist oft ein zu hoher Preis. Daher muss auch präzise kalkuliert sein, in welchem Rahmen ein Entgegenkommen überhaupt noch lukrativ ist und an welcher Stelle weitere Zugeständnisse nicht mehr möglich sind. Kalkulieren Sie alle Parameter, die Sie mit potenziellen Partnern im Vorfeld schon konkretisieren können. Daraus lässt sich dann ablesen, wie weit Sie dem Verhandlungspartner entgegenkommen können, ohne ein Verlustgeschäft zu machen.

Derlei Überlegungen gehören eindeutig in die Planungs- und Vorbereitungsphase von Verhandlungen. Denn das Fehlen konkreter und realistischer Ziele kann dazu führen, dass Sie einem Partner mit klarer Zielsetzung vollkommen ausgeliefert sind. Improvisierte Zieldefinitionen in der Verhandlung (nach dem Motto „Ich weiß schon, wie weit ich gehen kann.") kommen einem Glücksspiel gleich. Wenn Sie also nicht genau wissen, ob 10.000 oder 100.000 Stückzahlen bis zum Liefertermin möglich sind, rechnen Sie sich dies mit den erprobten Werkzeugen aus dem Projektmanagement im Vorfeld aus, und gehen Sie mit diesen konkreten Zielen in die Verhandlung. Sonst kann es passieren, dass Sie Zusagen machen, die Sie später unmöglich einhalten können, worunter sowohl Ihr Projekt als auch Ihr persönliches Ansehen sehr stark leiden würden. Und man wird Ihren zukünftigen „Schätzungen" dann kaum noch Glauben schenken.

Auch die Festlegung auf ein einziges Ziel kann in einer Verhandlung unter Umständen zu Problemen führen. Denn nicht selten verengt ein „Alles-oder-nichts-Ziel" den erforderlichen Verhandlungsspielraum, was die Wahrscheinlichkeit erhöht, dass kein zufriedenstellendes Ergebnis erreicht werden kann. Wenn es lediglich um die Durchsetzung eines Zieles geht, entbrennt folglich ein besonders heftiger Kampf. Alle Energien konzentrieren sich auf das eine Ziel, das es auf Biegen und Brechen zu erreichen gilt. Ein Ausweichen auf andere Themen ist dann nicht möglich, wobei genau dadurch eine Entschärfung erreicht werden würde. Für jede Verhandlung sollten Sie sich deshalb unbedingt mehrere Alternativziele überlegen, auf die Sie ausweichen können, falls das Primärziel nicht erreicht werden kann.

Fragen Sie sich also:

- Welches ist mein Hauptziel?
- Welche Alternativziele habe ich?
- Welches ist das beste Alternativziel?
- Welches Alternativziel markiert die „Schmerzgrenze"?
- Was kann zusätzlich erreicht werden?

Beispiele für Alternativziele:

- Sie verhandeln über die Konditionen eines neuen Auftrages und versuchen parallel die Lieferbedingungen bereits erhaltener Aufträge verbessern.

- Sie wollen einen höheren Preis erzielen, können alternativ eine Erhöhung des Auftragsvolumens anbieten.

Suchen Sie immer nach möglichst vielen Zielen, um Ihren Verhandlungsspielraum zu vergrößern. Oft lässt sich ein Primärziel auch in mehrere Teilziele dividieren. Auch die Erweiterung der Perspektive auf langfristige Zielsetzungen eröffnet meistens Möglichkeiten, um zusätzliche sinnvolle Ziele zu finden. Natürlich gilt Ihr vornehmliches Interesse weiterhin dem Erreichen des Hauptziels. Nur müssen Sie sich nicht mehr darauf versteifen und sich damit selbst einengen. Sie können taktisch manövrieren und situativ entscheiden, wann ein Ausweichmanöver angezeigt ist. Ihr Verhandlungsspielraum ergibt sich dabei aus der Differenz von Haupt- und Alternativzielen. Zugeständnisse bei Nebenzielen signalisieren dem Verhandlungspartner außerdem eine generelle Verhandlungsbereitschaft, sie zeigen Beweglichkeit und stärken dadurch die Ausgangslage zum Erreichen des Hauptziels.

Praxistipp:

Insbesondere Ihr Hauptziel muss genauestens definiert werden und sollte zudem messbar und kontrollierbar sein! Sie müssen den Punkt kennen, an dem ein solches Ziel erreicht ist und wo noch nicht. (Kalkulation von Kenngrößen, Aufwandsschätzungen, Erfahrungswerte).

Führen Sie keine Verhandlung, ohne zuvor die Ziele genau definiert und entsprechende Argumente gesammelt zu haben, die diese Ziele unterstützen! Denn erst auf einer klaren Definition aller Ziele kann sich eine souveräne und wirkungsvolle Argumentation aufbauen. Gut durchdachte Zielsetzungen sind der rote Faden, der Ihnen in Verhandlungen Sicherheit gibt und Sie vor unerfreulichen Überraschungen schützt.

Die Verhandlung „führen"

Verhandlungen sind immer auch ein taktischer Prozess. Es wird um Positionen gefeilscht, wobei jeder auf seinen eigenen Vorteil bedacht ist und möglichst wenig Zugeständnisse machen will. Aus diesem Grund wird auch kaum ein Verhandlungspartner seine Karten von Anfang an offen auf den Tisch legen. Wenn alles gut läuft, wird man sich schließlich entgegenkommen und eine für alle Seiten tragbare Übereinkunft finden. Im Optimalfall wird ein Abschluss gefunden, der für alle Beteiligten einen Vorteil darstellt. Manchmal kann auch ein Ergebnis herauskommen, das eine oder sogar beide Parteien nur zähneknirschend akzeptieren können. Es verlaufen also längst nicht alle Verhandlungen völlig reibungslos, schließlich steht oft nicht wenig auf dem Spiel. Wenn die Vorstellungen der Verhandlungsparteien zu stark voneinander abweichen, kann es schwierig werden, eine Einigung zu finden, insbesondere dann, wenn die Parteien unnachgiebig auf Positionen beharren.

Weil eine festgefahrene, abgebrochene und ergebnislose Verhandlung nun für alle unbefriedigend ist, sind die Verhandlungspartner bemüht, sich an die Positionen des anderen langsam heranzutasten. Ein Scheitern von Verhandlungen stellt immer eine Belastung dar und ist (von sehr spezifischen Fällen abgesehen) fast nie ein Schritt zur Erreichung der eigenen Zielsetzungen.

Grundfaktoren einer gelungenen Verhandlung:

- Eine Übereinkunft soll zustande kommen, sofern nicht tatsächlich unüberwindbare Hindernisse auftreten.

- Mit dem Verhandlungsergebnis soll sich das Verhältnis zwischen den Parteien verbessern. Das Ergebnis darf die Beziehung zumindest nicht belasten.

- Die Übereinkunft soll praktikabel und effizient sein. Der Verhandlungsaufwand muss im Verhältnis zum Ergebnis stehen, und dieses muss auch in der Praxis umsetzbar sein. Hierbei sollten die Interessenlagen aller Parteien im höchstmöglichen Maß erfüllt sein und bei Interessenkonflikten zu einer gerechten Lösung führen. Neben den Interessen der unmittelbar an der Verhandlung Beteiligten gilt es zudem, die Interessen der mittelbar von den Ergebnissen Betroffenen zu berücksichtigen.

Nur wenn die beteiligten Parteien sich über diese Punkte einig sind, kann eine Verhandlung überhaupt erfolgreich verlaufen. Ist diese Voraussetzung nicht erfüllt, arten Verhandlungen oft in ein Tauziehen um Positionen aus. Gerade harte Verhandlungspartner rühmen sich zuweilen mit der eisernen Unverrückbarkeit der eigenen Positionen. Hierdurch wird in erster Linie jedoch nur erreicht, dass man sich in den eigenen Positionen verfängt. Ein Ergebnis wird nicht erzielt, und man hat wertvolle Zeit und Ressourcen verbraucht, ohne dem Ziel ein Stück nähergekommen zu sein. Oft hat man sich sogar noch mehr davon entfernt, weil sich die „Fronten verhärtet" haben.

Verhandlungen, die lediglich Spielraum für ein Ja oder ein Nein lassen, führen oft zu keinen konstruktiven Ergebnissen. Hier wird nicht mehr verhandelt, sondern nur noch zugestimmt oder abgelehnt. Auch wenn Sie von einem Gesprächspartner in einer Verhandlung ein Ja erhalten, bedeutet dies dann nicht unbedingt, dass diese Position im Nachgang auch bestätigt wird und sich der Partner wirklich an die Vereinbarung hält. Gerade Führungskräfte, die mit sehr dominanten Methoden von ihren Partnern ein Ja für die eigene Sache erzwingen, machen oft die Erfahrung, dass die nachgelagerte Umsetzung nicht den vereinbarten Parametern entspricht. Auch leidet langfristig häufig die Geschäftsbeziehung, wenn Verhandlungen mit dem Sieg der einen und der kompletten Niederlage der anderen Partei ausgehen. Hier zieht sich der Unterlegene dann häufig für immer zurück.

Außerdem werden als nichtverhandelbar deklarierte Positionen schnell mit der eigenen Person, dem Ego, verwoben: Man will mit seiner starren Haltung nicht mehr nur die Position, sondern vor allem sich selbst durchsetzen. Ein Abweichen von einer einmal proklamierten Haltung wird dann mit einem Gesichtsverlust gleichgesetzt, und einen solchen will jede Partei selbstverständlich vermeiden. Wenn sich der Fokus damit auf die Positionen konzentriert, wird zugleich ein Vordringen zu den tatsächlichen und dahinter liegenden Problemen verhindert. Das kontinuierliche Tauziehen um allzu starre Positionen kostet immer viel Zeit und Kraft und sabotiert eine rasche Einigung. Wenn hier zwei gleichermaßen unbewegliche Parteien aufeinander treffen, rückt eine Konsensfindung oft in weite Ferne.

Es empfiehlt sich daher, stets integrativ und konstruktiv auf die Gesprächspartner einzugehen, damit diese tatsächlich davon überzeugt sind, dass der vereinbarte gemeinsame Weg für alle Beteiligten von Vorteil ist. Es geht also auch in Verhandlungen um eine klassische Win-win-Situation, die dazu führt, dass beide Seiten an einer dauerhaften Geschäftsbeziehung Interesse entwickeln.

Verhandeln – nicht auf Kosten der Beziehung

Die Kunst der Verhandlung liegt also darin, die eigene Zielsetzung zu erreichen, ohne dabei die Beziehung zum Verhandlungspartner zu gefährden. Dies kann nur gelingen, wenn sich die Verhandlungspartner auf die gemeinsamen Interessen konzentrieren und dafür weniger auf gegensätzliche Positionen. Da die persönlichen Interessenlagen selten offen genannt werden, empfiehlt es sich, so zu argumentieren, dass der Partner aus der Argumentation ableiten kann, welche persönlichen Ziele mit der Vorgehensweise erreicht werden können und wo seine eigenen Vorteile an der Einigung liegen.

Verhandlungsergebnisse sind nun einmal nur dauerhaft tragfähig, wenn sie auch von allen Beteiligten getragen werden (können) und nicht auf Kosten einer unterlegenen Partei zustande gekommen sind. Und dass vereinbarte Lösungen nachhaltig Gültigkeit haben, liegt ganz natürlich in Ihrem eigenen Interesse, weshalb unfaire Methoden, die auf die Durchsetzung der eigenen Position um jeden Preis zielen, sich von allein ausschließen, da sie eine erfolgreiche Einigung für beide Seiten unmöglich machen.

Wenn Sie nun Ihrerseits auf einen harten und unnachgiebigen Verhandlungspartner treffen, ist insbesondere die treffsichere Argumentation zum Vorteil der Person und ein besonderes Verständnis für die Position des Gegenübers sinnvoll. Es gilt weniger die eigene Zielsetzung zu modifizieren, als vielmehr den Gesprächspartner davon zu überzeugen, dass der vorgeschlagene Weg seinen persönlichen Interessen dient.

Gewinner-Gewinner-Verhandlung

Alle Gespräche und alle Verhandlungen, ganz gleich welchen konkreten Inhaltes, haben ein übergeordnetes Ziel – nämlich mit einer Gewinner-Gewinner-Situation zum Abschluss zu kommen. Das ist die Königsdisziplin einer souveränen Gesprächsrhetorik. Denn eine so endende Verhandlung beweist nicht nur, dass eine für beide Seiten vorteilhafte Übereinkunft erzielt worden ist, sie ist zugleich immer eine außerordentlich gute Investition für die Zukunft! Ein Verhandlungspartner, der rhetorisch besiegt wurde und eine bittere Niederlage verbuchen musste, kann mit dem Ergebnis nicht zufrieden sein. Wer sich selbst und seine Interessen ernst genommen sieht, ist dagegen offen für eine Vertiefung der (Geschäfts-) Beziehung.

Einen Sieg auf Kosten anderer zu erringen, birgt zudem immer die Gefahr, dass man selbst auf der Verliererseite landet. Sobald es um Sieg oder Niederlage geht, ist es ein aussichtsloses Unterfangen, die Interessen beider Parteien zu berücksichtigen. Eine gelungene Verhandlung ist also kein Rededuell, in dem es um einen persönlichen Triumph geht. Vielmehr geht es darum, das Gegenüber nicht als Gegner, sondern als Partner zu sehen. Nur dann ist ein für beide Seiten zufriedenstellendes Ergebnis überhaupt erst möglich. Eine Gewinner-Gewinner-Verhandlung impliziert grundsätzlich, dass die beiderseitigen Interessen gleichermaßen Berücksichtigung finden. Der Einsatz unfairer Mittel wird damit grundsätzlich ausgeschlossen.

Selbst wenn Sie völlig anderer Meinung sind als Ihr Gegenüber, können Sie ihm doch signalisieren, dass sein Standpunkt bei Ihnen angekommen ist und von Ihnen akzeptiert wird. Gewinner-Gewinner-Gespräche setzen auf eine gegenseitige Wertschätzung, wozu eben auch gehört, dass abweichende Meinungen akzeptiert werden. Denn Meinungen lassen sich nicht einfach abstellen, sie beruhen auf dahinter liegenden Interessen. Diese gilt es zu erkennen, um schließlich zu einem gemeinsamen Interessenausgleich zu gelangen.

In allen Fällen wird durch die Gewinner-Gewinner-Situation auch das gegenseitige Vertrauen gestärkt. Sie zeigt lösungsorientierte und echte Verhandlungskompetenz souveräner Partner, die es nicht nötig haben, in die Trickkiste zu greifen und mithilfe unlauterer Mittel um starre Positionen zu feilschen – genau dies ist ein wesentliches Merkmal einer souveränen Gesprächsrhetorik.

Praxistipp:

Sie können sich und Ihrem Partner die Verhandlung erleichtern, wenn Sie berücksichtigen, dass Sie es in Verhandlungen nicht nur mit klärungsbedürftigen Sachverhalten zu tun haben, sondern immer und vor allem auch mit Menschen. Hieraus ergeben sich zwei Ebenen, die wir getrennt voneinander behandeln sollten, zum einen den Verhandlungsgegenstand (die Sache) und zum anderen die persönliche Beziehung (den Menschen). Das Lösen der Probleme auf sachlicher Ebene stärkt dabei in der Regel auch die Beziehungsebene – und umgekehrt. Wenn Sie die Beziehungsebene günstig beeinflussen, indem Sie Ihrem Gegenüber mit Respekt, Interesse und persönlicher Wertschätzung begegnen (unabhängig davon, wie weit Ihre Verhandlungspositionen auseinander liegen), werden Sie auch schneller und einfacher tragfähige Vereinbarungen finden.

Eine gute zwischenmenschliche Beziehung ist auch in Verhandlungen die beste Basis, um die unterschiedlichen Interessen auszugleichen und so Entscheidungsalternativen unter neutralen Beurteilungskriterien zu ermöglichen, die der Lösung der Sachfragen dienen und nicht die Stärke der Verhandlungspartner demonstrieren sollen. Dafür ist es notwendig, sich in der Verhandlung von einengenden starren Positionen zu trennen und stattdessen den Blick für die beeinflussenden Parameter wie Beziehung, Verhandlungsgegenstand, Rahmenbedingungen, Interessenlagen, Positionen sowie die persönliche Ziele der Beteiligten zu schärfen. Ihr Ziel bleibt eine erfolgreiche Verhandlung, die für alle Beteiligten positive Ergebnisse erwirken kann.

In allen Verhandlungen treffen unterschiedliche Standpunkte aufeinander, was selbst dann nicht ausbleibt, wenn Sie sich auf die gemeinsamen Interessen konzentrieren. Und wo verschiedene Standpunkte aufeinandertreffen, entwickeln sich schnell Kontroversen, die zur Belastung der Beziehungsebene werden und somit den Erfolg einer Verhandlung gefährden können.

Wichtige Tipps, damit Sie die Beziehungsebene nicht unnötig belasten:

- Versuchen Sie, alle Probleme auch aus der Perspektive Ihres Verhandlungspartners zu betrachten.

- Oft ist es ratsam, weniger selbst zu reden und dafür mehr zuzuhören sowie Fragen zu stellen, um damit das Geschehen in eine bestimmte Richtung zu lenken. Wenn Sie beispielsweise nach den finanziellen Vorstellungen Ihres Gegenübers fragen, können Sie das Gespräch damit gut auf den Kostenvorteil lenken, den Sie bieten.

- Manchmal ist es durchaus sinnvoll, schweigen zu können, anstatt aus Prinzip dagegenzuhalten, so entstehen Pausen, die Zeit zum Nachdenken und Formulieren der eigenen Gedanken ermöglichen. Auch hat Ihr Gegenüber so die Möglichkeit, seine Ausführungen näher zu erläutern, was Ihnen selbst oft weitere und gute Ansatzpunkte für Ihre Argumente verschafft.

- Nehmen Sie Einwände vorweg, bevor Ihr Gegenüber die Schwachpunkte aufdeckt. Wer sein Gegenüber aufmerksam beobachtet, kann meistens anhand von Mimik und Gestik erkennen, dass dem Partner ein Einwand schon auf der Zunge liegt. Ein Beispiel dafür: „Herr Meier, ich habe das Gefühl, diese Vorgehensweise entspricht nicht Ihren Vorstellungen, liege ich damit richtig? Wo sehen Sie Punkte, die ergänzt werden sollten?"

- Betonen Sie immer wieder Gemeinsamkeiten wie „gemeinsame Zielerreichung", „unsere Produktionsergebnisse" usw.

- Wenn Sie einen Schritt weitergekommen sind, halten Sie den Teilerfolg in einem Zwischenresümee fest, damit dieser Punkt später nicht noch einmal diskutiert werden muss.

- Nageln Sie Ihr Gegenüber nicht auf bestimmte Äußerungen fest, lassen Sie ihm immer taktvolle Rückzugsmöglichkeiten. Halten Sie ihm also nicht seine früheren Bemerkungen vor, wenn er zu einem späteren Zeitpunkt etwas anderes einräumt, bloß um ihm seine Verhandlungsschwäche unter die Nase zu reiben.

- Mehrere kleine Zugeständnisse sind eine gute Strategie, um einen entscheidenden Vorstoß einzuleiten.

- Beginnen Sie nicht sofort mit dem stärksten Argument, jedoch auch nicht mit einem sehr schwachen. Achten Sie darauf, dass Sie Ihr Pulver nicht zu früh verschießen, behalten Sie Reserven. Verwenden Sie nur Argumente, die aus der Perspektive Ihrer Verhandlungspartner Überzeugungskraft besitzen. Beginnen Sie mit den soliden und unzweifelhaften Argumenten, um so eine gute Grundlage für die Verteidigung der etwas schwächeren Argumente zu legen. Zum Schluss sollten Sie Ihre stärksten und beeindruckendsten Argumente anführen, damit Sie die beste Ausgangslage für die Diskussion erreichen.

- Wenn Sie auf persönlicher Ebene angegriffen werden, leiten Sie niemals (aus Rache) einen Gegenangriff ein. Der Angriff des Gegenübers geht ins Leere, wenn Sie ihn nicht mit einem Gegenangriff vergelten. Sachliche Angriffe sind letztlich keine Angriffe, da sie immer Argumente sind, mit denen Sie sich sachlich auseinandersetzen können. Persönliche Angriffe hingegen sollten Sie souverän übergehen oder bei echten Beleidigungen höflich anmerken, dass Sie sich auf diese Art der Auseinandersetzung nicht einlassen möchten. Versuchen Sie immer, die Diskussion wieder auf die Sachebene zu führen.

- Kontrollieren Sie vor allem das eigene Verhalten, nicht das Verhalten des Partners.

- Vermeiden Sie alle überflüssigen Diskussionen, am einfachsten geht das, indem Sie aussprechen, dass dieser Punkt nicht zur sachlichen Auseinandersetzung gehört und daher überflüssig ist.

- Gehen Sie in Ihrer Argumentation Schritt für Schritt vor und keinesfalls in größeren nicht nachvollziehbaren Sprüngen.

- Zeigen Sie sich in unwesentlichen Punkten nachgiebig.

- Bleiben Sie hart in der Sache, wenn es nötig ist, jedoch immer fair gegenüber den Menschen. Respekt und persönliche Wertschätzung des Gegenübers und der konsequente Verzicht auf persönliche Angriffe sind hier die besten Mittel.

- Vermeiden Sie alle Übertreibungen, da diese die Emotionen unnötig anheizen und oft zu heftigen Widersprüchen anregen.

- Sprechen Sie in kurzen, prägnanten Sätzen und verzichten Sie auf kategorische Aussagen („Das ist so, und nicht anders!"), um heftige Gegenreaktionen zu vermeiden, die das Gesprächsklima belasten würden.

- Halten Sie sich Verhandlungsmöglichkeiten für die Zukunft offen, auch wenn die Verhandlung im Moment für Sie unbefriedigend verläuft. Die beste Voraussetzung dafür ist auch hier die Aufrechterhaltung einer konstruktiven Einstellung zur Verhandlung und zum Gesprächspartner.

Wie Sie sehen, geht es nicht darum, die eigenen Positionen und Interessen, mit welchen Methoden auch immer, durchzuboxen. Der Verlauf einer Verhandlung mitsamt den dabei gefundenen Lösungen und getroffenen Entscheidungen bildet immer auch einen neuen Ausgangspunkt für die Beziehung der Verhandlungspartner. Ihr Partner wird Sie daran messen, wie Sie sich ihm gegenüber in der Verhandlung präsentiert haben. Denn erst hier zeigt sich, ob die Geschäftspartner zu einer dauerhaften Beziehung fähig sind und ob von einer konstruktiven Zusammenarbeit gesprochen werden kann.

Ihr Auftreten, das Bemühen, für beide Seiten vorteilhafte Lösungen zu finden sowie die Glaubwürdigkeit und Zuverlässigkeit Ihrer Aussagen werden hier einer genauen Prüfung unterzogen. Dies lässt letztlich keinen Platz für brachiale Verhandlungsmethoden, mit denen eine gute

Beziehung aufs Spiel gesetzt wird. Denn Sie wollen nicht den einmaligen und nur vordergründigen Verhandlungserfolg, sondern den Grundstein für eine möglichst langfristige und befriedigende Zusammenarbeit legen. Eine gelungene Verhandlung ist demnach eine Verhandlung, die zum beiderseitigen Vorteil verlaufen ist.

Wenn Sie die vorangegangenen Artikel gelesenen haben, dürfte feststehen, dass Souveränität großenteils an die persönlichen rhetorischen Fähigkeiten und damit an die Art der eigenen Kommunikation gekoppelt ist. Die zahlreichen Praxistipps zeigen dabei, dass sich der Umgang mit Sprache, die persönliche Wirkung im Gespräch und die argumentative Überzeugungskraft mit schnell sichtbaren Erfolgen trainieren lassen.

Den größten Erfolg verspricht hier der Besuch von entsprechenden Fachseminaren, die seriöse und mit großer Fachkompetenz durchgeführt werden. Wie schon eingangs beschrieben wurde, umfasst der Begriff Souveränität allerdings noch mehr als allein die Fähigkeit, auch schwierige Gespräche effektiv und erfolgreich führen zu können. Hier stellt sich also die Frage, ob Souveränität ebenso erlernbar ist wie eine Optimierung der rhetorischen Fähigkeiten.

Lesen Sie hierzu und zu weiteren Themen nun ein aufschlussreiches Interview mit Stéphane Etrillard und, wenn Sie möchten, sein inzwischen als Standardwerk zu bezeichnendes Buch: „Prinzip Souveränität: Als souveräne Persönlichkeit sicher handeln und entscheiden".

8. Rhetorik ist erlernbar,
Souveränität auch? (Interview)

Herr Etrillard, wenn fortbildungswillige Menschen im Buchhandel oder auch im Internet zum Stichwort „Rhetorik" recherchieren, werden sie fast erschlagen von der Fülle der Literatur, die sich mit Themen wie professionelle Gesprächsführung, Körpersprache oder Schlagfertigkeit befasst. Welche Auswahlkriterien können Sie Interessierten an die Hand geben?

Stéphane Etrillard: Es ist tatsächlich nicht ganz einfach, sich in dem reichhaltigen Angebot von Ratgebern und Trainingsbüchern zum Thema Kommunikation und Rhetorik zurechtzufinden. Und leider gibt es auch kein Patentrezept, das die schnelle und richtige Auswahl garantiert. Doch es gibt natürlich einige nützliche Kriterien, die bei der Suche helfen: Zuallererst ist es für jeden Interessierten ratsam, sich sehr präzise vor Augen zu führen, was er genau von einem Ratgeber erwartet und auf welchem Niveau sich seine eigenen Fähigkeiten und Kenntnisse aktuell befinden. Wer beispielsweise gezielt nach einem Praxisbuch für Fortgeschrittene oder nach einer allgemeinen Einführung für Einsteiger sucht, wird die Auswahl schon damit schnell eingrenzen können. Oft richten sich Ratgeber auch ganz ausdrücklich an bestimmte Berufsgruppen oder befassen sich mit ausgewählten Anwendungsgebieten, sodass auch hier eine gute Vorauswahl möglich ist. Es lohnt sich ebenso ein Blick auf die weiteren Publikationen eines Autors, um zu sehen, welches Themengebiet sein Steckenpferd ist. Und natürlich sollte man auch Gefallen finden an dem Buch und dessen Stil, denn nur, wenn es Sie als Leser auch wirklich anspricht, werden Sie mit dem Gelesenen auch etwas anfangen können. Darüber hinaus ist es in der Regel ratsam, nach neueren Publikationen Ausschau zu halten, denn auch auf dem Gebiet der Kommunikation gibt es immer wieder Veränderungen und neue Entwicklungen, obwohl es natürlich auch einige langlebige „Klassiker" gibt.

Doch solche Kriterien können nur erste Hinweise bieten, letztlich empfehle ich, lieber etwas mehr Mühe in die Recherche zu stecken, als voreilig irgendein Buch zu kaufen. Und wer sich die Zeit nehmen kann, im Buchladen ein bisschen herumzustöbern und in dem einen oder anderen Buch etwas zu blättern, wird sicherlich auch das Richtige finden.

Nun werden sich einige Leser vielleicht fragen, ob eine Verbesserung ihres Kommunikationsstils in einer Welt, die manchmal mehr von Fakten als von Worten beherrscht zu sein schein, überhaupt lohnt. Denn oft sind es doch die Zahlen, mit denen zum Beispiel Kunden überzeugt werden. Wird das Thema Rhetorik in manchen Bereichen nicht etwas überschätzt?

Stéphane Etrillard: Letztlich kann das Thema gar nicht überschätzt werden, denn im Umgang mit Menschen spielt die Art und Weise des Kommunizierens immer eine ganz entscheidende Rolle. Inhalte vermitteln sich nämlich leider nicht von allein, und Kommunikation ist ja stets auch weit mehr als reiner Informationsaustausch. Wer auch das kommunikative Handwerk beherrscht, kann im Gespräch auf seine Kunden so eingehen, dass er einerseits vom Kunden auch wirklich verstanden wird, andererseits aber auch den Kunden und dessen Anliegen wirklich versteht. Die schönsten Zahlen und beispielsweise niedrigsten Preise nutzen wenig, wenn der Kunde sie einfach nicht versteht.

Außerdem werden in der Kommunikation eben nicht nur fachliche Inhalte vermittelt. Fast noch wichtiger sind die zwischenmenschlichen Aspekte, die in Gesprächen eine Rolle spielen und auf der Beziehungsebene zwischen den Gesprächspartnern ganz subtil Wirkung zeigen. Eine gute Rhetorik geht auch darauf ein.

Woran es vielen mangelt, ist Zeit. Was halten Sie von komprimierten Kompendien oder Ratgebern, die den Leser in kürzester Zeit und mit wenig Aufwand fit machen wollen?

Stéphane Etrillard: Auch diese Ratgeber haben ihre Berechtigung und können nützlich sein – wenn auch in einem begrenzten Rahmen. Wer sein Wissen etwas auffrischen, festigen oder aktualisieren oder sich erst einmal nur einen Einblick in die Thematik verschaffen will, ist mit diesen Ratgebern oft gut versorgt. Auch für die kleine tägliche Dosis Weiterbildung oder Training eignen sich diese kompakten Darstellungen sehr gut. Wer sich jedoch eingehender mit dem Thema beschäftigen will, wird bald merken, dass er dazu etwas ausführlichere Literatur braucht.

Ist es überhaupt sinnvoll, sich mit Literatur zu diesem Thema zu befassen, oder wäre es nicht gleich besser, einen Rhetorikkurs zu besuchen?

Stéphane Etrillard: So nützlich gute Ratgeberliteratur auch ist, lautet meine Antwort hier: Natürlich wäre ein praxisorientiertes Seminar besser, denn hier erhalten die Teilnehmer ganz individuelle Beratung und Übungen, können Anregungen sofort praktisch umsetzen, Tipps ausprobieren, Fragen stellen, und wenn die Motivation einmal etwas nachlässt, weiß ein guter Trainer auch hier Abhilfe.

Doch es hat nun einmal nicht jeder die Möglichkeiten oder die Zeit, einen solchen Kurs zu besuchen. Und für denjenigen sind gute Ratgeberbücher ganz gewiss eine lohnende Alternative.

Was zeichnet einen guten Rhetorikkurs aus?

Stéphane Etrillard: Es ist ja eben schon angeklungen: Der große Vorteil und gleichzeitig auch eine wichtige Herausforderung für einen Rhetorikkurs ist es, jedem Teilnehmer individuell gerecht zu werden. Ein Trainer kann ganz gezielt auf die speziellen Wünsche, Bedürfnisse und Vorkenntnisse der Kursteilnehmer eingehen und so sehr effektiv zu nachhaltigen Ergebnissen gelangen. Mit praxisnahen Beispielen und Übungen lassen sich die theoretischen Darstellungen veranschaulichen und sofort umsetzen. Ein guter Kurs bietet außerdem eine offene und sympathische Atmosphäre, in der die Teilnehmer keine Scheu haben, sich auszuprobieren und ganz offen Fragen zu stellen. Dass der Kursleiter ein Fachmann auf seinem Gebiet sein sollte, braucht hier wohl nicht extra erwähnt werden.

Protagoras von Abdera, der Vater der antiken Rhetorik, betrieb Werbung für seine Schule, indem er den Menschen sprachliche Techniken in Aussicht stellte, mit deren Hilfe sie jedem beliebigen Standpunkt zum Sieg verhelfen könnten. Von der nach wie vor ungebrochenen Faszination dieses Anspruchs zeugen auch so manche Neuerscheinungen, die mit unfairer Rhetorik punkten wollen. Hier geht es dann ganz unbescheiden um den rhetorischen Sieg mit allen Mitteln, um skrupellose Manipulation und Tricks und Kniffe, die dafür sorgen, dass man am Ende garantiert „Recht" hat. Sind die Erwartungen, die hier geweckt werden, realistisch? Und ist ihre Umsetzung überhaupt wünschenswert?

Stéphane Etrillard: Die Wirksamkeit unfairer Rhetorik und Manipulation lässt sich nicht grundsätzlich abstreiten, denn wer diese Art von Kommunikation konsequent betreibt, macht seinen Gesprächspartner früher oder später mundtot und hat dann sozusagen „gewonnen". Doch ist an dieser Stelle ganz ausdrücklich festzuhalten, dass Gespräche, die nur darauf hinauslaufen, den anderen um jeden Preis in die Knie zu zwingen, nichts mit gelungener Kommunikation zu tun haben. Denn in Gesprächen – und übrigens ganz besonders auch in geschäftlichen – geht es schließlich darum, sich gegenseitig zu verständigen und in der Sache, die zur Debatte steht, eine sinnvolle Einigung zu finden.

Nur wer sein Gegenüber mit echten Argumenten überzeugt, kann nachhaltige Gesprächsergebnisse erzielen. Wer hingegen zu unfairen Mitteln greift, wird vielleicht zwischenzeitlich das Gespräch dominieren, doch das Ergebnis des Gesprächs wird nur von kurzer Dauer sein, denn es fand keine Klärung der Sache selbst statt. Außerdem ist der Schaden für die Beziehungsebene der Gesprächspartner dramatisch, wenn Manipulationen und unfaire Rhetorik ins Spiel kommen. Es kann in diesem Falle leicht dazu kommen, dass der rhetorische Sieg damit bezahlt wird, dass es kein weiteres Gespräch mit diesem Menschen geben wird. Wenn Sie dies auf die Konstellation Führungskraft-Mitarbeiter oder Kunde-Verkäufer übertragen, wird schnell klar, welche negativen Folgen daraus resultieren können.

Insofern gibt es nur eine Antwort auf Ihre Frage: Nein, die Anwendung der unfairen Gesprächsrhetorik ist keinesfalls wünschenswert. Ganz im Gegenteil sogar.

Und noch ein Hinweis dazu: Ein Gegenargument zu dieser Ansicht ist häufig, dass nur harte Bandagen gegen unfaire Angriffe helfen und die fairen Mittel hier nicht ausreichen. Dass das glücklicherweise nicht stimmt, lässt sich in vielen Ratgebern nachlesen, die sehr wirkungsvolle – und faire! – Strategien zum Umgang mit unfairer Rhetorik aufzeigen.

Herr Etrillard, neben Ihren renommierten Rhetorikbüchern und vielen anderen haben Sie ein umfangreiches Buch über das „Prinzip Souveränität" geschrieben. Welchen Stellenwert nimmt für Sie die souveräne Persönlichkeit im Gesamtkontext von Rhetorik, Kommunikation und Selbstpräsentation ein?

Stéphane Etrillard: Die persönliche Souveränität ist ein Schlüsselfaktor für all diese Aspekte, da sämtliche kommunikativen Vorgänge in hohem Maße von der eigenen Persönlichkeit beeinflusst werden. Und das betrifft nicht nur das selbstsichere Auftreten in Gesprächen, das wir noch am ehesten mit souveräner Kommunikation in Verbindung bringen. Auch die Fähigkeit, auf das Gegenüber einzugehen, die Bereitschaft, konstruktive Gespräche zu führen, sowie das Vermögen, den eigenen Standpunkt überzeugend und verständlich darzustellen, stehen in einem engen

Zusammenhang mit einer souveränen Persönlichkeit. Dieser Zusammenhang ist übrigens wechselseitig, Souveränität und gute Kommunikation befruchten sich nämlich gegenseitig.

Kann man Souveränität überhaupt erlernen?

Stéphane Etrillard: Glücklicherweise kann ich aus tiefster Überzeugung sagen: Ja, Souveränität lässt sich erlernen. Doch ist Lernen hier natürlich etwas anderes als das Auswendiglernen von Vokabeln oder das Antrainieren bestimmter Verhaltensweisen. Lernen heißt hier vor allen Dingen: Persönlichkeitsentwicklung.

Souveränität ist ein umfassendes und außerordentlich individuelles Prinzip, das letztlich alle Facetten der eigenen Persönlichkeit betrifft, weshalb man sich die persönliche Souveränität auch nur umfassend erarbeiten kann. Dass dies nicht von heute auf morgen passiert und eine intensive (und auch selbstkritische) Auseinandersetzung mit der eigenen Persönlichkeit erfordert, liegt auf der Hand. Doch ich möchte allen Menschen Mut machen, sich dieser Herausforderung zu stellen, denn von den Ergebnissen profitiert man in allen erdenklichen Bereichen und außerdem ein Leben lang.

Die Überzeugungskraft des persönlichen Auftretens kommt immer dann besonders zum Tragen, wenn es darum geht, anderen etwas zu verkaufen. Und mit „verkaufen" sind längst nicht nur Verkaufsgespräche im klassischen Sinne gemeint, sondern sämtliche Situationen, in denen es darum geht, anderen etwas schmackhaft zu machen, sie von Ideen und bestimmten Vorhaben zu überzeugen.

Der folgende Artikel richtet sich an Verkäufer, er demonstriert aber auch, dass letztlich jeder Mensch ein Verkäufer ist beziehungsweise laufend in die Situation kommt, anderen etwas zu verkaufen – und hierzu zählen übrigens nicht zuletzt die Qualitäten der eigenen Persönlichkeit.

9. Verkaufen ist einfach!

Viele Berufe erfordern großes Fachwissen, hohe Professionalität und insgesamt großes Können. Wer über derartige Kenntnisse und Fähigkeiten verfügt, sieht sich oft schon auf Erfolgskurs. Tatsächlich ist hiermit vor allem jedoch eine solide Grundlage geschaffen. Ob sich der gewünschte Erfolg dann auch einstellt, hängt noch von einem völlig anderen, oftmals unliebsamen Faktor ab: Denn es ist ebenso wichtig, die eigenen Leistungen wie auch sich selbst ins entsprechende Licht zu rücken, um die Kunden für sich zu gewinnen. Und das heißt nichts anderes als – verkaufen. Doch die meisten Selbstständigen sehen sich nicht als Verkäufer, sondern verlassen sich allein auf ihre fachlichen Qualifikationen. Die guten, oft sogar sehr guten Leistungen verblassen als Folge dann hinter einem konturenlosen Profil und einer wenig aussagekräftigen Positionierung. So bleiben viele Chancen ungenutzt, wenn nämlich der Kunde gar nicht merkt, was er an Ihnen hat.

Ein Verkäufer ist längst nicht nur, wer mit Autos, Waschmaschinen oder Möbeln handelt. Verkaufen geht weit über das übliche Klischee hinaus, denn ganz gleich, welchen Beruf ein Mensch konkret ausübt, zumindest alle Selbstständigen sind – auch wenn es ihnen leider oft nicht bewusst ist – zu großen Teilen immer auch Verkäufer. Oder besser gesagt:

Sie sollten es wenigstens sein. Oft fehlt allerdings noch das notwendige Bewusstsein darüber, diesen Umstand als Tatsache anzuerkennen. Wer Anwalt ist, sieht sich natürlich zuerst als Jurist, ein Arzt ist mit Leib und Seele Mediziner, und ein Coach oder Berater verweist auf seine hohe Sachkompetenz, er versteht sich als professioneller Partner seiner Klienten – aber zuletzt erst als Verkäufer.

Natürlich steht der gewählte Beruf immer im Vordergrund, vergessen wird nur, dass der Erfolg in der Praxis zu großen Teilen daran gekoppelt ist, wie gut wir es verstehen, uns und unsere Leistungen zu verkaufen. Und genau hier gibt es branchenübergreifend oft erhebliche Engpässe, was natürlich kein Wunder ist, da wir uns selbst meist zwar in den verschiedensten Funktionen sehen, nur eben nicht als Verkäufer.

Die besten Leistungen, das überzeugendste Angebot und die größten Fachkompetenzen sind für sich genommen dann wenig wert, wenn es gleichzeitig nicht gelingt, dies alles dem Kunden in angemessener Weise zu verdeutlichen. Denn auch die beste Qualität verkauft sich nicht von selbst, in der Praxis ist es sogar so, dass eine Vermarktung gerade von anspruchsvollen Leistungen immer auch besondere verkäuferische Fähigkeiten erfordert – zumindest dann, wenn das Angebot nicht unter Wert über die Theke gehen soll. Im Wettbewerb ist es leider längst nicht immer so, dass sich das hochwertigste Angebot durchsetzt. Faktoren wie ein guter Ruf, eine überzeugende Persönlichkeit und eine eindeutige Positionierung sind von tatsächlich gleicher Bedeutung wie das Angebot und die Leistungen selbst.

Entscheidend ist immer die Wahrnehmung durch den Kunden – hier geht es darum, beim Kunden menschlich ebenso wie als Geschäftspartner gut anzukommen. Nur wenn es Ihnen gelingt, beim Kunden das Gefühl zu wecken, bei Ihnen nicht nur gut, sondern besser als bei den Wettbewerbern aufgehoben zu sein, sind Sie nicht ohne Weiteres austauschbar. Wodurch unterscheiden Sie sich von den Wettbewerbern? Was können Sie am besten? Was und welche Leistungen erhalten Ihre Kunden exklusiv bei Ihnen? Stellen Sie sich hin und wieder solche und ähnliche Fragen: Ihre Aufgabe ist es, den Kunden die Einzigartigkeit Ihrer Leistung eindeutig und anschaulich zu kommunizieren. Unter konsequenter Berücksichtigung ist genau dies die Quintessenz des Verkaufens.

Mit dem längst überholten Klischee des Verkäufers hat all das wenig gemein. Ihre Kunden erwarten eben nicht allein Fachkompetenz und absolute Zuverlässigkeit, sie wollen auch wissen, wer hinter den Leistungen steht. Geschäfte werden nun einmal in erster Linie von Mensch zu Mensch und eben nicht zwischen namenlosen Kunden und Anbietern gemacht. Deshalb reicht es auch nicht, allein als Anbieter einer bestimmten Leistung aufzutreten.

Was Sie einzigartig macht, sind vor allem Sie selbst. Produkte und Leistungen sind in fast allen Fällen austauschbar – Persönlichkeiten und außergewöhnliche Beziehungen hingegen sind eine Konstante, die nicht ohne Weiteres ersetzt werden kann.

Unter dieser Prämisse erhält das ungeliebte Wort verkaufen gleich eine ganz neue Bedeutung. Verkaufen heißt in diesem Sinne vor allem, Beziehungen aufzubauen und zu erhalten, die eigenen Leistungen und vor allem auch sich selbst wirkungsvoll zu präsentieren und die eigene Persönlichkeit zur Marke zu machen.

Das Bild vom herkömmlichen Verkäufer hat längst ausgedient, heute zählen dagegen ganz andere Aspekte:

- Zwischenmenschliche Faktoren wiegen inzwischen mehr als Angebotsmerkmale und oft sogar mehr als preisliche Anreize.

- Entscheidend für Ihren Erfolg ist es, positive Beziehungen aufzubauen, sie dauerhaft zu erhalten und vor jedem Schaden zu bewahren.

- Die Perspektive Ihrer Kunden ist entscheidend – vergegenwärtigen Sie sich daher, wie Sie selbst aus der Sicht Ihrer Kunden wahrgenommen werden.

- Nutzen Sie Ihr Gefühl für den Bedarf und die Erwartungen jedes einzelnen Kunden.

- Präsentieren Sie nicht nur Ihre Leistungen, sondern auch sich selbst als einen zuverlässigen Partner, der mit seiner Persönlichkeit hinten den Angeboten steht.

- Nutzen Sie all Ihre kommunikativen Fähigkeiten, versetzen Sie sich in die Perspektive Ihrer Kunden und beweisen Sie Einfühlungsvermögen im Kundendialog.

- Verdeutlichen Sie Ihren Kunden, was Ihre Leistungen und was Sie selbst besonders oder sogar einzigartig macht.

Die genannten Aspekte verdeutlichen vor allem eines: Verschanzen Sie sich nicht hinter Ihrer Berufsbezeichnung, auch – oder sogar insbesondere – dann nicht, wenn Sie tatsächlich hervorragende Qualität anbieten. Kompetenz und Leistungsbereitschaft ebnen Ihnen den Weg, das Ziel erreichen Sie jedoch nur, wenn Sie sich und Ihre Angebote auch „verkaufen" können.

Und dies muss weder unangenehm noch schwierig sein – im Gegenteil: Nutzen Sie einfach neben Ihrer fachlichen Qualifikation auch Ihre eigene Persönlichkeit, entwickeln Sie Ihr individuelles, authentisches Profil und präsentieren Sie sich Ihren Kunden als unersetzlichen Partner. Setzen Sie also ganz bewusst ein, was Sie ohnehin zu bieten haben – dann ist es tatsächlich einfach, zu verkaufen.

Wer auf die eine oder andere Weise im Verkauf tätig ist, steht in Zeiten des wirtschaftlichen Abschwungs vor der Frage, wie er seine Kunden trotz Flaute auf dem Markt zum Kauf bewegen kann.

Die Antwort mag zunächst überraschen, sind hier doch nicht in erster Linie einzig ausgeklügelte Marktstrategien gefragt, sondern eben auch Aspekte, die eng mit der Kommunikation und mit Souveränität verwoben sind.

Doch lesen Sie selbst ...

10. Überzeugungskraft hat Konjunktur: Kundenmotivation in Krisenzeiten

Während in wirtschaftlichen Krisenzeiten noch allerorten über die Situation debattiert wird, sind es die Verkäufer, die ein verändertes Konsumverhalten ihrer Kunden als erste und hautnah zu spüren bekommen. Hier besteht akuter Handlungsbedarf, womit einmal nicht das Schnüren von Konjunkturpaketen gemeint ist. Als Verkäufer ist vielmehr wichtig zu wissen, wie jetzt mit der Situation umgehen.

Wer als Verkäufer die richtigen Maßnahmen ergreift, kann die angespannte Lage nicht nur unbeschadet überstehen, sondern darüber hinaus als Gewinner aus der Krise hervorgehen.

Jetzt können Sie sich von Ihren Wettbewerbern absetzen, bestehende Kunden stärker an sich binden, neue Kunden hinzugewinnen – und weiterhin erfolgreich verkaufen. Hierfür brauchen Sie nur drei Dinge zu wissen: Was geht wirklich in Ihren Kunden vor? Inwiefern ändert sich dadurch das Konsumverhalten? Und wie kann ich darauf angemessen reagieren?

Die erste Frage ist einfach zu beantworten: Ihre Kunden sind verunsichert und haben das Vertrauen und teilweise auch ihr Geld verloren, sie sind also misstrauisch. Daraus ergibt sich schon die zweite Antwort: Aus Sicht der Kunden stehen heute Aspekte wie Sicherheit, Vertrauen, Glaubwürdigkeit und Zuverlässigkeit hoch im Kurs. Deshalb bringt es auch nichts, an der Preisschraube zu drehen und die Produkte zu verramschen. Im Gegenteil: In Krisenzeiten suchen die Menschen etwas Sicheres, und das verkörpern hochwertige Produkte und Leistungen.

Statt sich mit Niedrigpreisen gegenseitig zu unterbieten und in der Preisschlacht mitzumischen, gilt es, den Wert des eigenen Unternehmens und den der eigenen Produkte zu verdeutlichen. Positionieren Sie sich als eine feste Größe, auf die Ihre Kunden – schwere Zeiten hin oder her – zählen können. Sprechen Sie erst gar nicht vom Preis, sondern über den Wert Ihrer Produkte. Verknüpfen Sie sich selbst und Ihr Angebot mit Attributen, die für Sicherheit stehen. Qualität und Wertbeständigkeit haben in Krisenzeiten Konjunktur.

Kunden wollen momentan nichts mehr verkauft bekommen, sie wollen kaufen – und zwar Produkte und Leistungen, die einen hohen – durchaus auch ideellen – Wert haben. Ihre Kunden sind jetzt mehr denn je daran interessiert, was ihnen einen ganz konkreten Nutzen einbringt. Verbinden Sie Ihre Angebote mit Argumenten, die auf Langlebigkeit, Wertbeständigkeit und Zuverlässigkeit abzielen. Suchen Sie nach dem spezifischen Vorteil für Ihre Kunden, und verwenden Sie Formulierungen wie: „Dadurch erhöhen sich ...", „Damit senken Sie ...", „Das vereinfacht Ihre ...", „Sie gewinnen damit ...", „Hiermit erzielen Sie ...", „Das garantiert Ihnen ..." usw.

Mit Verkaufsgesprächen, die zielgerichtet auf den Nutzen und die individuellen Bedürfnisse der Kunden zugeschnitten sind, können Sie heute punkten. Denken Sie dabei daran, dass Ihre Kunden misstrauisch geworden sind und momentan nicht gerade vertrauensselig ins Verkaufsgespräch kommen. Zeigen Sie sich selbst daher von Ihrer zuverlässigsten Seite, verzichten Sie auf leere Floskeln und jede aggressive Verkaufsrhetorik. Ehrlichkeit und souveräne Verkäuferpersönlichkeiten überzeugen, kurz: wahre Überzeugungskraft hat auch in schlechten Zeiten Konjunktur! Schließlich sind Ehrlichkeit und ein überzeugendes Auftreten gerade dann, wenn man, wie viele Kunden glauben, nichts und niemandem mehr trauen kann, ein kostbares Gut.

Grenzen Sie sich von Ihren Wettbewerbern durch eine nicht alltägliche Beratungsqualität, absolute Zuverlässigkeit, ein hervorragendes Reklamationsmanagement und hohe Kompetenz ab. Ein erfolgreicher Verkäufer verkörpert all dies durch sein souveränes Auftreten und seine zielgerichtete Kundenkommunikation. Halten Sie schlicht und einfach all Ihre Versprechungen ein, ganz gleich, ob es um Liefertermine, Produkteigenschaften oder zugesagte Serviceleistungen geht! Denn der Verkauf in Krisenzeiten beginnt nicht beim Portemonnaie, sondern beim Faktor Mensch mit all seinen Facetten.

Aktuell heißt es mitunter, dass die Geschäfte meist noch besser als befürchtet, aber schwächer als erhofft laufen. Wenn Sie sich und Ihre Verkaufsgespräche konsequent auf die tatsächlichen Erwartungen Ihrer Kunden ausrichten und die Sorgen der Kunden verstehen, haben Sie auch künftig nichts zu befürchten und können sogar kühne Hoffnungen realisieren. Sie sehen, als Verkäufer stehen Sie dem aktuellen Geschehen alles andere als machtlos gegenüber. Handeln Sie jetzt!

Momentan wird viel über die aktuelle Krise auf den welt-
weiten Märkten gesprochen und geschrieben. Zuweilen fällt
dabei auf, wie schwer es selbst erfahrenen Managern fällt, die
richtigen Worte zur Beschreibung der Auswirkungen auf das
eigene Unternehmen zu finden. Was und wie etwas gesagt
wird, trägt somit oftmals nicht dazu bei, verloren gegangenes
Vertrauen zurückzugewinnen.

In der Praxis sind es nicht allein die bekannten Manager,
von denen eine Stellungnahme erwartet wird. Auch von
Verkäufern, Freiberuflern, Selbstständigen, Führungskräften
und leitenden Angestellten werden im Kontakt mit
Kunden, Lieferanten, Partnern, Kollegen und Mitarbeitern
die passenden Worte erwartet. Hierbei geht es in erster Linie
darum, sich selbst und das eigene Unternehmen vor Schäden
zu bewahren und die eigene Glaubwürdigkeit zu erhalten.

Der folgende Artikel behandelt grundlegende Aspekte zum
wichtigen Thema Krisenkommunikation und zeigt, worauf
es jetzt besonders ankommt.

11. Krisenkommunikation:
Wie Sie Ihre Glaubwürdigkeit auch in der Krise bewahren

Die aktuelle Krisensituation bringt auf jeden Fall eines mit sich: Allerorten wird viel über Ursachen, Folgen und mögliche Lösungen derselben diskutiert. Und bekanntlich haben sich viele Unternehmen mit ihrer bisherigen Informationspolitik nicht gerade mit Ruhm bekleckert. Im Gegenteil, sowohl das, was gesagt wurde, als auch das, was eben nicht gesagt wurde, hat oftmals Misstrauen geschürt, Imageschäden verursacht und die Motivation der entsprechenden Mitarbeiter auf eine harte Probe gestellt. Mit der gegenwärtigen Situation steht daher auch die Fähigkeit der Führungskräfte zur effektiven Krisenkommunikation auf den Prüfstand.

Zugegeben, das, was jetzt alles von Ihnen erwartet wird, erfordert viel Fingerspitzengefühl. Ist es doch Ihre Aufgabe, realistische Einschätzungen über die Auswirkungen der Krise auf das eigene Unternehmen abzugeben. Und dies gegenüber Kunden, Ihren Mitarbeitern und oft auch gegenüber den Medien. Jedes ausgesprochene Wort kann hierbei eines zu viel, jedes fehlende Wort eines zu wenig sein. Vom Kunden bis zum Journalisten haben alle die Ohren gespitzt, und es ist, als würde nur darauf gewartet, ein neues Schreckensszenario an die Wand malen zu können. Die Gerüchteküche brodelt gewaltig, und viele Führungskräfte wissen womöglich gar nicht, was hinter vorgehaltener Hand über das eigene Unternehmen alles im Umlauf ist.

Die Situation scheint vertrackt, wenn schon eine unbedachte Äußerung oder eben mangelnde Kommunikation zu Verstimmungen oder wilden Spekulationen führen kann. Der Hintergrund von alldem sind Verunsicherung und berechtigte Sorgen Ihrer Mitarbeiter, Kunden und Geschäftspartner. Sie alle haben eines gemeinsam: Sie wollen nicht an der Nase herumgeführt werden und schlicht und einfach wissen, wo das Unternehmen steht. Ihre Aufgabe ist es, hierauf angemessen zu reagieren.

Über den Zustand jedes einzelnen Unternehmens – und sei es noch so gut aufgestellt – wird momentan eifrig spekuliert. Indem Sie selbst glaubwürdige Informationen liefern, können Sie allen Gerüchten Einhalt gebieten, der Verunsicherung entgegenwirken und das Vertrauen in Ihre Person und Ihre Führungsqualitäten stärken.

Dafür brauchen Sie lediglich einige Regeln einzuhalten:

- Gehen Sie in die Offensive: Wenn Probleme auftreten, sprechen Sie darüber, bevor es andere tun! Im Falle einer Krise kommt es vor allem darauf an, schnell zu reagieren und die Öffentlichkeit und die Betroffenen sofort zu informieren. Auch wenn es noch nicht auf alle Fragen eine Antwort gibt, darf die Unternehmensleitung mit der Kommunikation nicht zögern, denn im Zweifelsfalle sind die Medien oder die Internet-User schneller.

- Vertuschen Sie nichts: Eine Krise zu verheimlichen oder zu leugnen, kann nicht gelingen. Letztlich wird doch alles an die Öffentlichkeit gelangen. Mit einem vorausgegangenen Versuch, etwas zu vertuschen, wird auch das letzte Vertrauen und jede Glaubwürdigkeit verspielt. Informieren Sie deshalb richtig, vollständig und so aktuell wie möglich.

- Beschönigen Sie nichts: Klären Sie umfassend über die Ursachen auf und darüber, warum Sie welche Schritte einleiten. Gestalten Sie Ihr Handeln transparent und nachvollziehbar.

- Zeigen Sie Verständnis und Mitgefühl für die Sorgen und Ängste Ihrer Mitarbeiter: Wichtig ist hier, nicht distanziert oder desinteressiert zu erscheinen. Ihre persönliche Präsenz ist erforderlich.

- Gehen Sie auf andere zu: Suchen Sie den persönlichen Kontakt zu den wichtigsten Gesprächs- und Geschäfts- partnern, damit diese die Informationen aus erster Hand erhalten.

- Auch über neue Erkenntnisse und Entwicklungen muss die Unternehmensführung selbst und unmittelbar informieren, damit sie das Heft in der Hand behält. Genauso wichtig ist es, dass die Unternehmensleitung auf Anfragen von Kunden, Geschäftspartnern oder Journalisten reagiert, deren Fragen beantwortet und sich gesprächsbereit zeigt. Der Versuch, sich hinter einem „Kein Kommentar!" zu verschanzen, verunsichert Kunden und Geschäftspartner und öffnet Spekulationen Tür und Tor. Journalisten motiviert es dazu, besonders hartnäckig nach Antworten zu suchen.

- Trotz aller Eile: Die Kommunikation über die Krise muss koordiniert und überlegt vonstatten gehen.

- Die Führungskräfte des Unternehmens sollten in jedem Fall persönlich in Erscheinung treten und keinesfalls den Anwälten, Pressesprechern oder Vertretern einer Beratungsfirma die Krisenkommunikation überlassen.

- Nur wenn die Unternehmensführung offen über die Schwierigkeiten und eigenen Fehler spricht und die Verantwortung dafür übernimmt, behält sie ihre Glaubwürdigkeit und Vertrauenswürdigkeit.

- Auch bei der externen Krisenkommunikation ist es das Ziel, die Aufmerksamkeit auf das sachliche Problem zu lenken, anstatt die vermeintliche Ausweglosigkeit der Situation zu thematisieren.

- Transparenz, Offenheit, Dialog- und Verantwortungsbereitschaft sowie eine konstruktive Herangehensweise machen eine gute externe Krisenkommunikation aus. Es liegt in der Natur der Sache, dass Krisen überraschend und unerwartet auftreten und häufig eine Eigendynamik entfalten. Das erhöht den Druck auf die Verantwortlichen, schnell zu reagieren, und setzt alle Beteiligten und Betroffenen unter Stress. Schnelle und angemessene Reaktionen der Unternehmensführung können hier entscheidend dazu beitragen, negative Folgen zu mildern.

Um dieses Ziel zu erreichen, ist eine gute Informationspolitik in Krisenzeiten unerlässlich. Damit schützen Sie sich selbst und Ihr Unternehmen vor unnötigen Belastungen. Wer jetzt dadurch Stärke beweist, dass er sich aufgeschlossen und mit Interesse seinen Mitarbeitern und Kunden zuwendet, dabei ein offenes Ohr für ihre Sorgen hat und zugleich die Verantwortung für das eigene Handeln übernimmt, positioniert sich als glaubwürdige Persönlichkeit, die in der Lage ist, auch bei Gegenwind das Ruder in der Hand zu halten. Suchen Sie daher gerade in Krisenzeiten den direkten Kontakt, insbesondere auch zu Ihren Mitarbeitern, anstatt auf Distanz zu gehen und Informationen unter Verschluss zu halten. Informieren Sie dabei wahrheitsgemäß und vollständig, um Spekulationen von Anfang an den Wind aus den Segeln zu nehmen und Verunsicherungen gar nicht erst aufkommen zu lassen.

Wer jedoch nicht oder unzureichend informiert, schürt damit nur weitere Krisenherde. Sie können sich sicher sein, dass alle Fehlinformationen im Langzeitgedächtnis Ihrer Mitarbeiter und Geschäftspartner haften bleiben. Oft wachsen unverschuldete Krisen zu Vertrauenskrisen und Motivationskrisen bei den Mitarbeitern und Partnern heran. Und gerade in ohnehin schwierigen Zeiten kann sich kein Unternehmen eine zweite oder dritte Front leisten. Wer hingegen seine Glaubwürdigkeit bewahrt, wird als souveräne und vertrauensvolle Persönlichkeit wahrgenommen, die ein Unternehmen auch in stürmischen Zeiten auf Kurs halten kann.

Die Mitarbeiter vieler Unternehmen fühlen sich in Anbetracht von Krisensituationen ohnmächtig, selbst entscheidend zum Erfolg des Unternehmens beitragen zu können. Die Folge ist ein mangelnder Antrieb bis hin zur völligen Demotivation, was natürlich nicht ohne Auswirkungen auf die Arbeit bleibt.

Insofern droht den Unternehmen in Krisenzeiten gleich eine doppelte Gefahr – einmal durch die verschlechterte wirtschaftliche Situation und obendrein durch fehlende Motivation der Mitarbeiter. Hier ist es die Aufgabe verantwortungsbewusster Führungskräfte, die Motivation der Mitarbeiter auf einem hohen Niveau zu halten – dazu braucht es eine entsprechend weitsichtige Kommunikation.

Lesen Sie daher jetzt, wie es Ihnen gelingen kann, Ihre Mitarbeiter so zu motivieren, dass sie mit Ihnen durch dick und dünn gehen.

12. Mitarbeitermotivation in Krisenzeiten

Wie Sie mit einer guten Informationspolitik Ihr Unternehmen stärken

In wirtschaftlichen Krisenzeiten stehen Führungskräfte im Fokus der Aufmerksamkeit. Diese Aufmerksamkeit erfahren sie nicht nur von der Öffentlichkeit, den Medien, Kunden oder von Geschäftspartnern, sondern insbesondere auch von den eigenen Mitarbeitern, die sich mit Fragen zur Krisensituation oder auch mit Befürchtungen und Ängsten an die Geschäftsführung wenden und Wegweiser aus der Krise erwarten.

Einerseits besteht die Aufgabe von Führungskräften natürlich darin, auf diese Anliegen der Mitarbeiter einzugehen. Auf der anderen Seite ist es jedoch auch wichtig, die Mitarbeiter in schwierigen Zeiten zu motivieren und ihre Leistungsbereitschaft mindestens zu erhalten oder sogar zu steigern, damit die Krise nicht durch interne Schwierigkeiten noch verschärft wird. Denn gerade jetzt gilt es, die Arbeit besonders konzentriert und effektiv zu erledigen.

Doch viele Mitarbeiter werden durch die besonderen Umstände verunsichert. Ein entscheidender Faktor, der zur Verunsicherung Ihrer Mitarbeiter beiträgt, sind falsche oder unzureichende Informationen. Deshalb ist es unerlässlich, dass Sie als Führungskraft offen mit Ihren Mitarbeitern kommunizieren und sie umfassend über die Situation informieren.

Es ist in allen Fällen kontraproduktiv, Probleme vor der Belegschaft zu verheimlichen, sie gar zu leugnen oder auch nur herunterzuspielen. Auch die Mitarbeiter müssen die gegenwärtige Situation sowie ihre Ursachen, Zusammenhänge und Auswirkungen verstehen. Unbedingt ist zu vermeiden, dass die Mitarbeiter ihre Informationen nur aus der Presse oder aus der Gerüchteküche beziehen. Es ist also Ihre Aufgabe, die Belegschaft umfassend aufzuklären.

Hierbei kommt es darauf an, als verantwortliche Führungskraft Präsenz zu zeigen, persönlich mit den Mitarbeitern zu sprechen und als vertrauensvoller Ansprechpartner aufzutreten. Mitarbeiter haben in Krisenzeiten Ängste und Sorgen, die sich nicht mit einem informellen Memo aus der Welt schaffen lassen. Sie wollen verstehen, was gerade geschieht, und wollen erfahren, wie die Zukunft aussehen soll. Als Führungskraft können Sie den Mitarbeitern Sicherheit geben und beweisen, dass auf Sie Verlass ist.

Auf die Befürchtungen Ihrer Mitarbeiter können Sie natürlich nur dann positiv einwirken, wenn Sie verstehen, welche Fragen sie haben und wo ihre Ängste liegen. Versetzen Sie sich daher in die Lage Ihrer Angestellten, und reden Sie offen über die anstehenden Probleme.

Zeigen Sie echtes Interesse an der Perspektive der Mitarbeiter. Erläutern Sie, ob, wie und in welchem Maße die Belegschaft von der Krise betroffen ist. Und sprechen Sie auch über Lösungsansätze und Maßnahmen, die das Unternehmen ergreift – auch wenn diese Maßnahmen nicht nur Angenehmes bringen.

Nichts ist demotivierender als fehlende oder falsche Informationen. Schlechte Neuigkeiten oder Maßnahmen, die zunächst einmal Einschnitte nach sich ziehen, lösen selbstverständlich keine Jubelchöre aus.

Muss beispielsweise Kurzarbeit eingeführt werden, verschärfen sich die Zukunftsängste. Solche Situationen sind besonders schwierig und nicht einfach zu lösen. Doch der einzige Weg zu einer Lösung führt über die offene Kommunikation. Sie können Ängste nur ausräumen, wenn Ihre Mitarbeiter verstehen, warum Sie so entscheiden und handeln und was das für die Zukunft des Unternehmens und der Angestellten bedeutet. Lassen Sie hingegen alle im Unklaren über Ihre Absichten und Ziele, wird das Misstrauen steigen und die Motivation rapide sinken.

So eine Entwicklung wäre fatal, denn die Krise darf Ihre Mitarbeiter natürlich nicht lähmen. Verdeutlichen Sie Ihren Mitarbeitern vielmehr, dass sie selbst ein Teil der Lösung sind. Sagen Sie ihnen, wie sie selbst zur Überwindung der Krise beitragen können.

Floskeln, Allgemeinplätze oder leere Aufbau-Parolen sind hier allerdings vollkommen fehl am Platze. Diese offenbaren nur, dass die Mitarbeiter und ihre Sorgen nicht ernst genommen und nicht in die Krisenbewältigung einbezogen werden – und das ist demotivierend!

Alle bevorstehenden Maßnahmen müssen für die Belegschaft verständlich und nachvollziehbar sein. Ist das nicht der Fall: Erklären Sie, was warum vor sich geht. Machen Sie dabei keinesfalls unrealistische oder überzogene Versprechungen. Verzichten Sie auch auf blinden Aktionismus und unverhältnismäßige Maßnahmen. Diese untergraben Ihre Glaubwürdigkeit und gleichzeitig auch die Motivation Ihrer Mitarbeiter sowie das in Sie gesetzte Vertrauen.

Gerade in Zeiten der Krise ist es wichtig, dass Sie die Kommunikation mit Ihrer Belegschaft als Dialog gestalten. Es reicht nicht, motivierende Vorträge oder Informationsveranstaltungen abzuhalten.

Hören Sie aufmerksam zu, wenn Ihre Mitarbeiter etwas zu sagen haben, und stellen Sie Fragen! Kommunizieren Sie unbedingt auf Augenhöhe und niemals von oben herab! Nur so erfahren Sie, was tatsächlich in Ihren Mitarbeitern vorgeht und wo Sie ansetzen können, um sie zu motivieren und ihnen Sicherheit zu geben.

Vergessen Sie auch nicht: Steckt das Unternehmen, die Branche oder die gesamte Wirtschaft in der Krise, sind das stets auch schwierige Zeiten für Angestellte – beruflich und privat.

Seien Sie also darauf vorbereitet, dass die Emotionen womöglich hohe Wellen schlagen und dass Sie eventuell Unverständnis ernten oder sich sogar Angriffen von Mitarbeitern ausgesetzt sehen müssen.

Bleiben Sie auch hier souverän, lassen Sie sich auf gar keinen Fall provozieren oder zu unbedachten Äußerungen hinreißen. Suchen – und fragen – Sie nach den ursächlichen Problemen oder Ängsten, und gehen Sie gezielt darauf ein.

Tipps für Motivationsgespräche:

- Informationen sind ein extrem wichtiger Faktor für die Motivation der Mitarbeiter. Verdeutlichen Sie deshalb den Sinn einer Sache oder Zielsetzung.

- Beschreiben Sie, was welche Folgen mit sich bringt.

- Vermeiden Sie Floskeln und platte Allgemeinplätze.

- Nehmen Sie die Bedürfnisse Ihrer Mitarbeiter ernst. Hören Sie ihnen zu, und suchen Sie nach einer partnerschaftlichen Lösung, von der alle Seiten profitieren.

- Stellen Sie Ihren Mitarbeitern Fragen!

- Übertreiben Sie es nicht mit Ihren Motivationsbemühungen. Wenn Sie einen Mitarbeiter permanent motivieren wollen, zeigen Sie damit zugleich auch, dass Sie seine aktuelle Motivation anzweifeln und für nicht ausreichend halten.

Wenn Ihre Mitarbeiter spüren, dass Sie sich für Ihre Belange interessieren und einsetzen, dass Sie verstehen, was sie beschäftigt, und sie in die Bewältigung der Krise einbeziehen, werden die Mitarbeiter sich im Gegenzug mit dem gleichen Engagement für das Unternehmen einsetzen, an der Lösung der Probleme mitarbeiten und die Führungsriege tatkräftig unterstützen. Gerade schwierige Zeiten, die gemeinsam überstanden wurden, sorgen für eine feste Bindung und motivieren auch für die Zukunft.

Wo Menschen miteinander arbeiten, gibt es immer wieder auch Kritikpunkte. Die Frage ist, wie diese Kritik vorgetragen und wie mit ihr umgegangen wird. Hier den richtigen Weg zu finden, wirkt sich sehr stark sowohl auf die Mitarbeitermotivation als auch auf die Produktivität aus.

Doch sind Kritikgespräche meist mit Befürchtungen verbunden – sowohl seitens des Kritisierenden als auch seitens des Kritisierten: Der eine befürchtet, auf Widerstand zu treffen und nicht zu einer Verbesserung der Situation beitragen zu können, der andere fürchtet negative Folgen und eben die Kritik selbst.

Ein Kritikgespräch zu führen, ist also eine schwierige Aufgabe, mit dem erforderlichen kommunikativen Wissen jedoch lösbar. Die wichtigsten Regeln für Konfliktgespräche finden Sie im nächsten Artikel.

13. Kritikgespräche – unbeliebt, jedoch notwendig

Gerade weil Kritikgespräche so unbeliebt sind, werden sie allzu oft auf die lange Bank geschoben. Gerade dadurch werden aus anfangs eher kleinen Problemen nach und nach ernsthafte Schwierigkeiten, die – wenn überhaupt – nur noch mit größten Mühen zu beheben sind. Den Kopf in den Sand zu stecken kann also keine Lösung sein. Andererseits braucht längst nicht jeder kleine Fehler an die große Glocke gehängt zu werden.

Deshalb gilt: Vergewissern Sie sich zuerst, ob ein Kritikgespräch in Anbetracht der Sachlage überhaupt das richtige Mittel ist. Geht es lediglich um einen einmaligen Fehler, um kleinere und seltene Regelverstöße, ist ein direktes Feedback in der Regel angemessener als ein offizielles Kritikgespräch. Schon mit einem kurzen Feedback zeigen Sie, dass Sie das Fehlverhalten registriert haben und eine Verhaltensänderungen wünschen. Oft ist das schon ausreichend. Wenn Fehler oder Regelverstöße jedoch größere Dimensionen annehmen und sich häufen, ist ein Kritikgespräch unausweichlich. In diesem Fall sollte es jedoch so früh wie möglich geführt werden. Beachten Sie dabei unbedingt die folgenden Grundsätze:

Es geht um die Sache, nicht um den Menschen: Im Mittelpunkt eines Kritikgesprächs steht immer ein konkreter

Sachverhalt, ein bestimmtes Fehlerverhalten oder ein lokalisierbarer Fehler – jedoch niemals eine Person. Kritik darf also nicht als persönlicher Angriff formuliert werden. Damit würden Sie nur eine Abwehrhaltung oder Gegenangriffe provozieren. Es geht also einzig und allein um die Sache.

Nur ausgewogene Kritik ist konstruktiv: Unsachliche und überzogene Kritik verfehlt ihr Ziel und wirkt stark demotivierend. Überzogene Kritik kann so stark demoralisieren, dass ein Mitarbeiter sich einfach keine Mühe mehr geben will. Berücksichtigen Sie deshalb, unter welchen Umständen Fehler passiert sind: Ein Fehler, der sich in hektischen Phasen der Überlastung einschleicht, ist – selbst wenn er schwerwiegend ist – sicher nachsichtiger zu bewerten als häufig wiederkehrende Fehler, die auf mangelnde Sorgfalt und echte Schlamperei zurückzuführen sind.

Der Kritikpunkt wird exakt und klar verständlich beschrieben: Reden Sie nicht um den heißen Brei, sprechen Sie den Sachverhalt vielmehr eindeutig und unmissverständlich an. Nur zu sagen, dass „etwas" falsch gemacht wurde, ohne dabei spezifische Einzelheiten zu nennen, demoralisiert den Mitarbeiter. Gerade wenn es um wiederkehrende Verhaltensweisen geht, kann es sehr hilfreich sein, zuerst die Sache im Allgemeinen anzusprechen, um sie anschließend mit einem aussagekräftigen Beispiel genauer zu veranschaulichen.

Bieten Sie Lösungen an: Kritik soll nicht einschüchtern, sondern eine Veränderung zum Positiven erwirken. Die Kritik ist ein Mittel zur Behebung eines Problems, sie öffnet die Tür zu neuen Möglichkeiten und Alternativen. Im Kritikgespräch wird gemeinsam nach Lösungen gesucht, wobei hierbei der Kritisierende ebenso gefragt ist wie der Kritisierte. Kritik muss folglich immer auch Vorschläge zur Verbesserung beinhalten.

Lassen Sie sich die Sachlage aus Sicht des Kritisierten berichten: Wer kritisiert wird, muss die Gelegenheit bekommen, den Vorfall aus seiner Perspektive zu beschreiben. Zuweilen stellen sich die Dinge anders dar, als wir zunächst vermutet hatten.

Kritisieren Sie niemals vor versammelter Mannschaft: Kritikgespräche sind am wirkungsvollsten, wenn sie direkt und unter vier Augen stattfinden. Das Vier-Augen-Gespräch erhöht die Nachdrücklichkeit entscheidend und ist weitaus effektiver als Kritik, die vor versammelter Mannschaft geübt wird. Vermeiden Sie es, Mitarbeiter in Anwesenheit von Dritten zu kritisieren.

Zeigen Sie Einfühlungsvermögen: Jeder Mensch ist unterschiedlich und reagiert auf andere Signale. Gerade im Kritikgespräch ist Empathie gefragt. Der bekannte Grundsatz „Der Ton macht die Musik" gilt in besonderer Weise bei Kritikgesprächen. Stellen Sie sich daher auf Ihren Mitarbeiter ein.

Wenn Sie diese Grundsätze beachten, werden Sie mit Kritikgesprächen auch die Zielsetzung erreichen. Übrigens: Ein Kritikgespräch ist grundsätzlich so lang wie nötig, keinesfalls aber länger! Reiten Sie nicht länger auf einer Sache herum, wenn der Kritisierte sie verstanden hat und Bereitschaft zur Änderung signalisiert. Dadurch zeigen Sie Ihrem Mitarbeiter, dass Sie vertrauensvoll davon ausgehen, dass die Angelegenheit ohne viel Aufhebens aus der Welt geschafft werden kann.

Das Thema Selbst-PR wird noch immer kontrovers diskutiert. Die einen sind überzeugt, dass ein offensives Selbstmarketing ein Muss für jeden erfolgsorientierten Menschen ist, andere glauben, dass irgendwann schon jemand auf ihre Fähigkeit aufmerksam wird.

Tatsächlich wird Selbst-PR oft missverstanden, geht es dabei doch gerade nicht darum, mit irgendwelchen vermeintlichen Fähigkeiten marktschreierisch zu prahlen. Gerade deshalb ist das Selbstmarketing weitaus besser als sein Ruf.

14. Selbst-PR:
Klappern gehört zum Handwerk

Marktschreier sind nicht gerade eine sehr beliebte Spezies. Und doch kann man von ihnen lernen. – Das Prinzip ist bekannt: Mehrere Straßenhändler versammeln sich auf einem exponierten Platz, hier preisen sie ihre Waren dann mit größter Lautstärke unermüdlich und bis zur Heiserkeit an. Auch wenn mehrere Stände oft die gleichen Waren anbieten, ist der Andrang doch sehr unterschiedlich. Tatsächlich geht es nicht darum, die Waren selbst in den Himmel zu loben oder die billigsten Preise anzubieten – nur wer hier das beste und größte Spektakel liefert, wird seine Konkurrenten übertrumpfen und die Waren am schnellsten verkaufen. Die Kunden von Marktschreiern wollen keine sachlichen Informationen, sie wollen eine gute Show geboten bekommen. Und erfolgreiche Marktschreier (die an guten Tagen übrigens einen Gewinn von mehreren tausend Euro erzielen!) wissen das natürlich ganz genau. – Vor einiger Zeit hatte ich die Gelegenheit, ein kurzes Gespräch mit einem überaus erfolgreichen Händler dieser Art zu führen. Er sagte mir: „Zu allererst kommt es auf eine gelungene Selbstvermarktung an, meine Ware ist dann beinahe nebensächlich – ich verkaufe sie, wenn ich mit maximalem Elan bei der Sache bin und mich von den anderen Händlern abhebe. Ich muss auffallen und die Leute mitreißen – sonst läuft gar nichts!"

Nun ist unser Aktionsgebiet nicht gerade der Marktplatz und wir sollten uns hüten, das exponierte Verhalten der Marktschreier zu adaptieren. Vielen würde es dennoch nicht schaden, sich hier eine Scheibe abzuschneiden. Weiß der zitierte Marktschreier doch ganz genau, was er zu bieten hat, und obendrein sorgt er auch noch dafür, dass möglichst viele Menschen es mitkriegen. Er betreibt also eine für ihn optimale Selbst-PR.

Wer heute erfolgreich sein (und auch bleiben) will, kann auf gelungene Selbst-PR nicht mehr verzichten. Es wird wohl kaum jemandem entgangen sein, dass sich das Tempo, mit dem Unternehmenslandschaften und sogar ganze Branchen umgestaltet und immer wieder neu geordnet werden, in den letzten Jahren erheblich beschleunigt hat.

Diese rasante Dynamik birgt natürlich auch die Gefahr, dabei selbst auf der Strecke zu bleiben. Und hiervon sind nicht nur die anderen oder irgendwelche Randfiguren betroffen; auch überaus qualifizierten Menschen, jedem von uns, kann es passieren, plötzlich ins Hintertreffen zu geraten. Ein einmal abgefahrener Zug lässt sich nun leider meistens nicht mehr einholen. Wer hier noch schnell wieder aufspringen will, muss sich jedenfalls mächtig ins Zeug legen. Oft wird man allerdings missmutig feststellen, dass einem ein anderer zuvorgekommen ist.

**Chancen gehen bekanntlich nie verloren –
die man selbst versäumt, nutzen andere.**

Bekommt man eine Chance vor der Nase weggeschnappt, fragt man sich unweigerlich, ob der Rivale denn tatsächlich besser ist als man selbst. Nicht unbedingt.

Denn was wirklich zählt, ist nicht allein, was man ist, was man kann oder nicht kann – es ist immer auch das Bild, das sich andere von einem Menschen machen. Und dieses Bild, unser Image, lässt sich zielgerichtet gestalten. Hierbei heißt es vor allem, überhaupt erst einmal Präsenz zeigen und die allgemeine Aufmerksamkeit auf sich lenken. Für den beruflichen Erfolg reicht es schon lange nicht mehr aus, nur einen guten Job zu machen. Besonders dann nicht, wenn es niemand wirklich bemerkt. Und es hilft Ihnen auch nicht weiter, wenn es ausgerechnet immer die Falschen sind, die wissen, dass Sie hervorragende Leistungen bringen. Es gilt also, verborgene Schätze ans Tageslicht zu holen und dafür zu sorgen, diese an der richtigen Stelle leuchten zu lassen.

Den meisten Menschen fällt es schwer, sich ins rechte Licht zu rücken. Die einen üben sich in Zurückhaltung und finden es geradezu peinlich, über sich selbst zu sprechen. Sie hoffen insgeheim, dass ihre Leistungen schon von irgendwem erkannt werden. Andere reden nur zu gerne von sich selbst, schaffen es jedoch nicht, die richtigen Ansprechpartner zu überzeugen. An dieser Stelle kommt nun Selbst-PR ins Spiel. Gute Selbst-PR ist dabei alles andere als plumpe Reklame für sich selbst und erst recht keine planlose Schaumschlägerei.

Selbst-PR ist die Kunst der geschickten Selbstdarstellung. Das Marketing in eigener Sache ist dabei ein systematischer Prozess, der immer auch Substanz voraussetzt. Gefragt sind hierbei Glaubwürdigkeit und Authentizität. Alle Bemühungen verlaufen im Sand, wenn sie gekünstelt oder gewollt erscheinen. Bei der Selbst-PR geht es weniger um kurzfristige Effekte, sondern um langfristige Erfolge, die dann umso nachhaltiger wirken.

Sie optimieren Ihr Image mit einer systematischen Vorgehensweise und unter Berücksichtigung der folgenden Komponenten:

Zeigen Sie, was Sie können

Für Ihr persönliches Marketing gilt im Prinzip zunächst dasselbe wie für jedes herkömmliche Produkt: Marketing ist nur dann sinnvoll, wenn es überhaupt etwas zu verkaufen gibt. Im ersten Schritt müssen Sie sich also fragen, was gerade Sie zu bieten haben. Jeder Mensch verfügt über individuelle Fähigkeiten, die seine Stärken ausmachen. Was sind Ihre Stärken? Wofür und für wen sind diese spezifischen Qualifikationen von Nutzen. Und wieso? Solche Überlegungen sollten immer unter Berücksichtigung der Mitbewerber angestellt werden. Gerade wer sich auf Erfolgskurs befindet, bekommt es verstärkt mit Mitbewerbern zu tun. Suchen Sie also gezielt nach Stärken und Fähigkeiten, die Sie von ebenfalls qualifizierten Rivalen unterscheidet. Häufig setzen wir bei der alltäglichen Arbeit nur einen Bruchteil des tatsächlich vorhandenen Potenzials ein. Viele Menschen sind so sehr von der Routine gefangen, dass ihnen kaum mehr bewusst ist, was sie überhaupt alles zu bieten haben. Wir benennen bspw. unser jeweiliges Tätigkeitsgebiet mit der dafür vorgesehenen Bezeichnung und meinen, damit sei doch eigentlich alles geklärt. Damit versperren wir uns aber selbst den Blick auf unser gesamtes Potenzial. Überlegen Sie also vielmehr, welche Vielzahl von Einzelkomponenten zur Erledigung der Aufgabe zusammenkommt. Und gehen Sie noch darüber hinaus, zählen Sie auch noch Fähigkeiten hinzu, die (zumindest vordergründig) für Ihre aktuelle Position gar keine Rolle spielen. Sie können vermutlich mehr, als Sie selbst glauben. Eine gründliche Analyse des eigenen Potenzials ist die Grundlage einer effektiven Selbst-PR. Sie können andere nur dann von sich überzeugen, wenn Sie sich selbst von Ihren Fähigkeiten überzeugt haben.

Sie brauchen konkrete Ziele

Ein positives Image ist gut und schön, bringt aber nicht viel, wenn es nicht zu den tatsächlichen Zielsetzungen passt. Wichtig ist es also, zuerst konkrete Ziele zu definieren, um anschließend dazu passend ein Image aufzubauen. Die Ziele ergeben sich einerseits aus der Potenzialanalyse. Es gilt hierbei, herauszufinden, an welcher Stelle Sie Ihre Stärken optimal einsetzen können. Andererseits müssen Sie sich klar sein, was Ihnen wirklich wichtig ist. Die einen wollen die Karriereleiter nach oben klettern, anderen geht es mehr darum, ganz neue Aufgaben wahrzunehmen und sich komplett neu zu orientieren. Immer brauchen Sie ein ganz klar definiertes Ziel, damit Sie Ihre Aktivitäten hierauf konzentrieren können. Wer das Ziel nicht kennt, kann den Weg nicht finden.

Verlieren Sie die Konkurrenz nicht aus den Augen

Solange alles beim Alten bleibt, bemerken Sie Ihre Konkurrenz womöglich gar nicht. Sobald Sie aber Ihr gewohntes Terrain verlassen und anfangen, Pläne zu schmieden, heißt es, besonders wachsam zu sein. Unversehens tauchen interne oder externe Mitbewerber auf, die Sie bisher kaum wahrgenommen haben. Manchmal wähnt man sich schon am Ziel und bekommt im entscheidenden Augenblick dann doch noch die Tour vermasselt. Behalten Sie deshalb jederzeit die Aktivitäten Ihrer Mitbewerber im Blick und nehmen Sie Ihre

Rivalen nicht auf die leichte Schulter. Manchmal ergeben sich aus der Beobachtung der Konkurrenz sogar brauchbare Impulse für die eigene Vorgehensweise. Erhöhte Wachsamkeit schützt aber immer vor unliebsamen Überraschungen.

Richten Sie Ihre Aktivitäten auf Ihre Zielgruppe aus

Ihre persönlichen Ziele geben den Weg vor. Um die Sache ins Rollen zu bringen, müssen Sie sich klar werden, auf wen es jetzt ankommt. Überlegen Sie sich genau, wen Sie mit Ihrer Selbst-PR erreichen wollen, was bei den Entscheidern gut ankommt und was nicht. Beachten Sie auch, dass alle Entscheider immer von bestimmten Personen umgeben sind, die besonderen Einfluss haben oder beratend zur Seite stehen. Auch diese Personen sind Ihre Zielgruppe! – Ihre Aktivitäten nutzen nichts, wenn sie an falscher Stelle stattfinden. Sie müssen sich dort ins Gespräch bringen, hier auffallen, wo die für Sie relevanten Entscheidungen getroffen werden. Die besten Effekte erzielen Sie nicht, indem Sie Ihre Aktivitäten möglichst breit streuen und dabei auf Zufallstreffer bauen. Am wirkungsvollsten ist ein ganz gezielter Ansatz: Bei der Selbst-PR geht es darum, die für Sie wichtigen Adressaten innerhalb der Zielgruppen genau zu lokalisieren, um hier punktuell einwirken zu können.

Eine Verlagerung der Bemühungen auf Nebenschauplätze führt dagegen selten zum Ziel. – Gelungene Selbst-PR konzentriert sich immer auf die wichtigsten Adressaten, ohne dabei das Ganze aus den Augen zu verlieren. Es geht zuerst um die Bekanntmachung Ihres Namens, den Imagegewinn und die Stärkung der eigenen Position. Alle relevanten Personen müssen zunächst davon erfahren, dass es Sie überhaupt gibt. Wenn aus einem Gesicht ein Name geworden ist, ist schon viel erreicht. Doch auch dann dürfen die Bemühungen noch längst nicht nachlassen. Ihr Name muss jetzt in Zusammenhang mit guten, besser noch herausragenden Leistungen oder anderen positiven Attributen gebracht werden. Um wen auch immer es sich schließlich konkret handelt, in allen Fällen benötigen Führungskräfte Informationen, damit sie überhaupt erst einmal ins Spiel kommen. Und die entsprechenden Informationen können Sie selbst am besten liefern. Die zielgerichtete Informationsversorgung ist ein wesentlicher Bestandteil der Selbst-PR.

Kommunizieren Sie Ihre Stärken

Sprechen Sie über positive Aspekte Ihrer Arbeit und über Ihre Erfolge, damit auch andere davon reden. Haben Sie keine Scheu davor, sich mit Ihren Fähigkeiten zu profilieren (allerdings ohne dabei in Selbsthuldigung zu verfallen!). Wie sonst sollen für Sie wichtige Personen davon erfahren, dass Sie besondere Leistungen erbracht oder schwierige Situationen gemeistert haben? Hin und wieder mag schon durchsickern, dass Sie Ihre Aufgabe beherrschen, und vielleicht wird auch mal jemand Ihren Erfolg beiläufig erwähnen oder ein Lob für Sie anbringen. – Aber das sind doch eher Zufallsereignisse, auf die Sie sicher keine Erfolgsstrategie aufbauen können. Ihre Qualifikationen und Erfolge stehen Ihnen nun mal leider nicht auf der Stirn geschrieben. Also müssen Sie die Fakten selbst auf den Tisch legen und damit die Aufmerksamkeit der Führungskräfte auf sich lenken. Hierbei zahlt es sich immer ganz besonders aus, wenn man nicht auf den Mund gefallen ist. Nicht nur der Inhalt zählt, sondern auch die Verpackung.

Entscheidend ist nicht nur, was Sie sagen, sondern auch, wie Sie etwas sagen! Wer es versteht, seine Fähigkeiten mit den richtigen Worten wirkungsvoll und rhetorisch geschickt zu verpacken, hat eindeutig die größten Chancen, seine Ziele zu erreichen. Eine effektive Gesprächsrhetorik ist eine unerlässliche Komponente jeder wirkungsvollen Selbst-PR.

10 + 1 aktuelle Tipps für eine effektive Selbst-PR

1. Beklagen Sie sich nicht über widrige Umstände, Überlastung oder Termindruck. Menschen, die ständig über ihre Arbeit stöhnen, bleiben Kandidaten aus der zweiten Riege. Gefragt sind Problemlöser, nicht Problemverursacher.

2. Zeigen Sie niemals Überforderung. Es bleibt ein nicht auszugleichender Widerspruch, wenn jemand einerseits die Absicht erklärt, eine höhere Stellung anzupeilen, andererseits aber schon der gegenwärtigen Position nicht gewachsen ist.

3. Verstehen Sie Teamgeist nicht falsch – versuchen Sie als Leistungsträger Ihres Teams aufzufallen. Ein gutes Teamspiel ist wichtig, doch nützt es Ihnen wenig, wenn Sie als Einzelperson in den Hintergrund treten.

4. Zeigen Sie auch Interesse an Vorgängen, die Sie nicht direkt betreffen. Viele Mitstreiter fahren sich im altbekannten Terrain fest. Hier ist es eine echte Chance, Interesse an Bereichen zu zeigen, die über das eigene Tätigkeitsgebiet hinausgehen.

5. Gehen Sie offensiv mit eigenen Fehlern um. Oft wirkt es geradezu beeindruckend, wenn Fehler offen zugegeben

werden (anstatt sie unter den Teppich zu kehren). So wird nicht nur Vertrauen aufgebaut, sondern auch gezeigt, dass man für Entscheidungen geradesteht.

6. Schätzen Sie Ihre Wirkung auf andere möglichst objektiv ein. Erst wenn Sie wirklich wissen, wie Sie auf andere wirken, können Sie gezielte Imagekorrekturen vornehmen.

7. Suchen Sie den Kontakt zu anderen Menschen und vermitteln Sie anderen das Gefühl, dass sie sich in Ihrer Gegenwart wohl fühlen können. Wenn Sie ohne Scheu und mit höflicher Wertschätzung auf andere zugehen, taut das Eis manchmal sogar dort auf, wo man es kaum für möglich gehalten hat.

8. Halten Sie im Gespräch Blickkontakt. Hören Sie Ihren Gesprächspartnern aufmerksam zu. Ein interessierter Gesprächspartner erntet Offenheit und Sympathie.

9. Glänzen Sie mit echter Kompetenz und Fachwissen. Wer über echte Qualifikationen verfügt, bekommt schneller Gelegenheiten, bei fachlichen Problemen zu brillieren.

10. Zeigen Sie Ihre Begeisterung von einer Sache. Nichts wirkt ansteckender und ist so erfrischend wie ein wirklich begeisterter und überzeugter Mensch.

11. Bleiben Sie sich selbst und Ihrem Stil treu. Verbiegen Sie sich nicht in eine Richtung, die gar nicht zu Ihnen passt. Ihre Authentizität sollte niemals verloren gehen!

Das Wichtigste für den Erfolg durch Selbst-PR ist, dass Sie nicht in einer reinen Absichtserklärung stecken bleiben! Viele wollen etwas, nur wenige schreiten zur Tat.

Eine effektive Vermarktung der eigenen Fähigkeiten und Qualitäten wird in vielen Berufen zunehmend wichtiger.

Abschließend erhalten Sie daher zehn praxisbewährte Tipps, mit denen Sie bestens für die Herausforderungen des Tagesgeschäfts gerüstet sind.

15. Zehn Wege, wie Sie sich besser verkaufen

Wie sich die wirtschaftliche Lage künftig tatsächlich entwickeln wird, ist schwer vorauszusagen, auch wenn die Prognosen in mancher Branche alles andere als rosig sind. Doch wie soll man sich als Klein- oder Einzelunternehmen in dieser Situation verhalten? Auf bessere Zeiten hoffen oder alles mobilisieren, was möglich ist? Und was passiert, wenn doch alles ganz anders kommt als gedacht?

Patentlösungen gibt es natürlich nicht, doch blinder Aktionismus ist derzeit mit Sicherheit genauso kontraproduktiv wie langmütiges Abwarten. Einmal mehr kommt es jetzt darauf an, die persönlichen Qualitäten in den Vordergrund zu rücken, souverän aufzutreten und sich selbst und die eigenen Leistungen gut zu verkaufen.

1. Erhöhen Sie Ihre Sogwirkung!

Echte Sogwirkung auf Ihre Kunden entfalten Sie dann, wenn Sie sich in der Beziehung zum Kunden unersetzlich machen, was natürlich eine hohe Qualität Ihrer Leistung voraussetzt. Dann kommen und bleiben die Kunden, ohne dass Sie mit Werbung oder Akquiseanrufen Druck machen müssen. Grundlage dafür ist, dass Sie ein ausgeprägtes Bewusstsein für den eigenen Markt, für die Bedürfnisse Ihrer Kunden und für Ihre eigenen Bedürfnisse entwickeln und alles, was Sie im Rahmen Ihrer unternehmerischen Tätigkeiten tun, unter diese Vorzeichen setzen. Dann ist jeder erledigte Auftrag Teil Ihres Sogmarketings, jedes Kundengespräch, jedes Telefonat, Ihre Zuverlässigkeit und ebenso die Qualität Ihrer Arbeit.

2. Ihre Persönlichkeit ist Ihr Kapital!

Als Kleinunternehmer ist Ihre Persönlichkeit eines der überzeugendsten und effektivsten Marketinginstrumente, das sich insbesondere in der Beziehung zum Kunden beweist und hier seine Wirkung entfaltet. Vertrauen, Glaubwürdigkeit, Verlässlichkeit und echtes Interesse am Gegenüber sind nur einige der Elemente, die eine intakte Kundenbeziehung ausmachen. Vergessen Sie jedoch nicht: Es geht um Ihre wahre Persönlichkeit, nicht um eine Rolle, die Sie im Beruf meinen spielen zu müssen. Bleiben Sie stets authentisch, denn nur so kommt Ihre Persönlichkeit wirklich zur Geltung.

3. Konzentrieren Sie sich auf Ihre Stärken!

Das größte Entwicklungs- und Erfolgspotenzial liegt in Ihren Stärken und Talenten, nicht – wie oft fälschlicherweise angenommen – in der Bekämpfung Ihrer Schwächen. Wer sich auf seine Stärken konzentriert, wird denjenigen immer einen Schritt voraus sein, die ihre Kräfte bloß auf die Auseinandersetzung mit ihren Schwächen richten. Machen Sie sich also bewusst, worin Sie wirklich gut sind, und nutzen Sie diese Einsichten, um Ihren Erfolg zu sichern.

4. Betreiben Sie Selbst-PR!

Dass Sie gute Arbeit leisten, sollte selbstverständlich sein. Doch dass Ihre Kunden das auch bemerken, versteht sich leider nicht von selbst. Deshalb ist es wichtig, offensiv zu zeigen, was Sie tatsächlich können und leisten. Das hat nichts mit Schaumschlägerei zu tun, sondern ist notwendiger Teil Ihres Marketings. Legen Sie also Ihre Zurückhaltung ab, und sprechen Sie über Ihre Erfolge, Leistungen, Qualifikationen und Fähigkeiten. Eine gelungene Selbst-PR wird Ihre Sogwirkung weiter erhöhen. – Voraussetzung dafür ist natürlich, dass Sie selbst wirklich wissen, was Sie zu bieten haben. Machen Sie sich Ihre Stärken bewusst!

5. Was ist das Besondere an Ihnen?

Um auf dem Markt überhaupt wahrgenommen zu werden, ist es wichtig, sich von den Mitbewerbern zu unterscheiden. Es ist daher unerlässlich, dass Sie herausfinden, was das Besondere, das Unverwechselbare an Ihnen und Ihrem Angebot ist. Gerade bei kleineren Unternehmen ist das zum Beispiel oft der intensive persönliche Kontakt zum Kunden. Aber auch ein Spezialgebiet innerhalb Ihres Tätigkeitsfeldes oder eine besondere Fertigkeit kann Ihnen den notwendigen Vorsprung vor den Mitbewerbern verschaffen. Wenn Sie Ihre Besonderheit gefunden haben, konzentrieren Sie sich darauf und entwickeln Sie sich darin weiter. Denn es ist erfolgversprechender, mit einem kleinen Angebot Spitzenleistungen zu erbringen, als ein breites Angebot nur mittelmäßig abzudecken.

6. Positionieren Sie sich!

Wenn Sie das Besondere an Ihrem Angebot gefunden und ausgebaut haben, haben Sie die beste Grundlage für eine optimale Positionierung auf dem Markt geschaffen. Die beste Position ist dort, wo ein tatsächlicher Bedarf aufseiten der Kunden besteht und Sie gleichzeitig Ihre Stärken und Qualitäten voll ausspielen können, sodass Sie als wahrer Experte agieren. Orientieren Sie sich dabei weniger daran, was der Wettbewerb macht, sondern vor allem an Ihren eigenen Fähigkeiten und Ambitionen – und natürlich an den Bedürfnissen der Kunden. Mit einem Spezialgebiet schärfen Sie Ihr Profil und erlangen einen Expertenstatus, der geradezu magnetisch auf Kunden wirkt.

7. Machen Sie sich empfehlenswert

Das Empfehlungsmarketing ist ein effizientes und dabei sehr einfaches Mittel, um die Hürde der Neukundengewinnung zu überspringen. Empfehlungen sind etwas Alltägliches, mit denen jeder – also auch Ihre Kunden – tagtäglich zu tun hat: der gute Filmtipp vom Kollegen, das empfohlene Restaurant oder ein Buch, über das begeistert gesprochen wird. Sie selbst machen sich empfehlenswert, wenn die Beziehung zu Ihrem Kunden stimmt, Sie als Experte gelten und qualitativ hochwertige Arbeit leisten. Dann ergeben sich Empfehlungen fast (!) von selbst. Zögern Sie also nicht, danach zu fragen. Und zeigen Sie, dass Sie Empfehlungen zu schätzen wissen. Noch ein kleiner Tipp, der die Scheu vor der Empfehlungsfrage mindern sollte: Menschen erhalten nicht nur gern Empfehlungen, sie empfehlen selbst auch gern, um anderen einen Gefallen zu tun oder mit dem guten Tipp selbst ein bisschen aufzutrumpfen.

Im Vertrauensbonus, der mit einer Empfehlung einhergeht, liegt ein ganz wesentlicher Vorteil. Die notwendige Vorarbeit, die immer erforderlich ist, um eine Vertrauensbeziehung zu einem Neukunden aufzubauen, bekommen Sie mit dem Kunden auf Empfehlung quasi mitgeliefert. Ein Kunde, der auf Empfehlung zu Ihnen kommt, wird sich denken: „Wenn mein Bekannter dieses Angebot schon nutzt und vom Produkt wie vom Verkäufer derartig begeistert ist, dass er beides weiterempfehlen kann, dann muss es einfach gut sein." In diesem Gedankengang liegt für Sie eine große Chance. Allerdings sind damit zugleich auch Gefahren verbunden, die nicht ganz unerheblich sind.

Neukunden durch Empfehlungen sind, bei allen Vorteilen, zugleich eine etwas heikle Angelegenheit. Denn auf keinen Fall darf sich der gute Tipp später als Reinfall erweisen. Wenn Sie als Verkäufer hier nicht halten können, was Ihre Kunden mit der Empfehlung versprochen haben, wird die Sache brenzlig. Denn hier können auf einen Schlag unter Umständen (die Folgen von anschließenden, nun negativen Empfehlungen noch nicht mitgerechnet) gleich zwei Kunden verloren gehen: Der Neukunde auf Empfehlung sowie der Empfehlungsgeber, der bis jetzt immerhin ein mit Ihnen überaus zufriedener Kunde war. Auch gilt es zu bedenken, dass es sich bei vielen Empfehlern um Stammkunden handelt. Und hier ist es besonders ärgerlich, wenn eine weit fortgeschrittene Beziehung leidet, weil sich die Empfehlung als Fehlschlag erwiesen hat.

Nicht zu vergessen ist der Umstand, dass Empfehlungskunden mit den größten Erwartungen zu Ihnen kommen. Und ganz gewiss werden Empfehler und der Empfehlungsempfänger später darüber sprechen, wie es gelaufen ist. Mit jedem Neukunden auf Empfehlung steht also auch Ihr guter Ruf auf dem Spiel. Begegnen Sie daher allen empfohlenen Kunden mit größter Aufmerksamkeit und höchster Leistungsbereitschaft. Kein Verkäufer kann es sich leisten, einen Empfehlungskunden zu enttäuschen. Denn dies wird unter Umständen weite Kreise ziehen.

8. Nutzen Sie die Vorteile des Kleinunternehmers!

Kleine Unternehmen haben den entscheidenden Vorteil, dass sie viel näher am Marktgeschehen dran sind als große Firmen. Sie erfahren als Erste, was sich auf dem Markt tut, welche Trends aufkommen und was schon wieder out ist. Außerdem können sie sehr schnell darauf eingehen. Große Unternehmen haben gerade hier häufig Probleme, da sie nicht so flexibel und zeitnah auf Veränderungen reagieren können.

9. Sorgen Sie für einen einwandfreien Service!

Ein exzellenter Service ist keineswegs nur großen Unternehmen vorbehalten. Service muss nicht teuer sein. Einige Serviceleistungen kosten gar nichts, andere lassen sich so genau auf die konkreten Gegebenheiten in Ihrem Unternehmen und die individuellen Bedürfnisse Ihrer Kunden anpassen, dass Aufwand und Kosten sich in Grenzen halten. Wichtige Servicefaktoren sind: Freundlichkeit, Fachkompetenz und hohe Qualität der Leistung, personelle Kontinuität und

Verlässlichkeit, Transparenz, gute Organisation, Flexibilität, persönliches Engagement und eine positive Einstellung zum Kunden. Außerdem gehört auch ein reibungsloses und effektives Reklamationsmanagement dazu. Hier können Sie punkten, wenn Sie viel Verständnis für die Bedürfnisse der Kunden zeigen.

10. Bestehen Sie die Bewährungsprobe im Preiskampf!

Auch wenn die schwächelnde Wirtschaftslage wahre Rabattschlachten anstachelt, haben kleine Unternehmen und Freiberufler oft keinen Spielraum, um im Kampf um den niedrigsten Preis mitzuhalten. Es kommt also darauf an, die eigenen Preise gut zu verkaufen und den Kunden zu verdeutlichen, was Ihre Leistung wert ist. Konzentrieren Sie sich deshalb im Kundengespräch darauf, den Wert Ihrer Leistung und den Nutzen für den Kunden herauszustellen. Denn kein Kunde erwartet, dass Sie etwas unter Wert verkaufen. Verdeutlichen Sie außerdem den Mehrwert, den Ihr Kunde bei Ihnen erhält: zum Beispiel verlässliche Terminzusagen, individuelle Lösungen oder kontinuierlich hohe Qualität.

Wie Sie sehen, können Sie auch in einer wirtschaftlich angespannten Lage einiges dafür tun, um die Geschicke Ihres Unternehmens in die Hand zu nehmen und sich selbst und Ihre Leistung zur Geltung zu bringen. Die genannten Maßnahmen helfen natürlich auch in guten Zeiten, die unternehmerischen Erfolge zu steigern. Doch insbesondere in weniger rosigen Zeiten kommt es darauf an, die Initiative zu ergreifen und aktiv zu werden, denn von allein läuft das Geschäft jetzt nicht.

Wie Sie sehen, hängt die persönliche Reputation in besonderem Maße vom persönlichen Auftreten ab. Das gilt für jeden Menschen, ist jedoch für Führungskräfte im Unternehmen von ganz elementarer Bedeutung. Die Führungsstile und auch die Erwartungen an Führungskräfte haben sich massiv gewandelt. Heute sind vor allem Führungspersönlichkeiten gefragt, das reine Fachwissen wird zwar als obligatorisch vorhanden vorausgesetzt, doch befähigt dies allein niemanden mehr dazu, die Verantwortung für mehrere oder sogar Dutzende Mitarbeiter zu übernehmen.

Dafür braucht es mehr und vor allem das gewisse Etwas: eine charismatische Ausstrahlung.

16. Mit einem charismatischen Führungsstil überzeugen

Dass Führungskräfte eine besondere Fachkompetenz benötigen, um ihre Arbeit erfolgreich auszuüben, steht außer Frage. Entsprechend hoch ist die Bereitschaft vieler Führungskräfte, ihr fachliches Wissen zu vertiefen, um den beruflichen Ansprüchen gerecht zu werden. Inzwischen ist allerdings ebenfalls unbestritten, dass zur Unternehmensleitung und Mitarbeiterführung weit mehr gehört als ein ausgeprägtes Fachwissen.

Aus diesem Grund gehen weitsichtige Führungskräfte einen entscheidenden Schritt weiter und reflektieren ihre eigene Wirkung auf Kunden und Mitarbeiter. Dahinter steht die Erkenntnis, dass die persönliche Ausstrahlung letztlich ein größerer Erfolgsfaktor ist als das reine Fachwissen. Das heißt: Wer heute als Führungskraft erfolgreich bleiben will, braucht nicht nur weiterhin eine hohe Fachkompetenz, sondern auch das gewisse Etwas. Denn wer eine staubtrockene Ausstrahlung hat, wird weder auf seine Mitarbeiter noch auf seine Kunden sehr inspirierend wirken.

So wundert es nicht, dass Unternehmen, an deren Spitze charismatische Führungspersönlichkeiten stehen, auf Dauer erfolgreicher sind und dass diese Führungskräfte auch selbst von ihrer Strahlkraft profitieren. Schließlich zählt zu ihren Aufgaben nicht nur, die richtigen Entscheidungen zu treffen, sondern eben auch, dass sie diese Entscheidungen nach außen tragen und für andere nachvollziehbar machen. Und noch mehr: Wer als Führungskraft auf Charisma und somit auf die Wirkung seiner gesamten Persönlichkeit setzt, strahlt Vertrauen aus, wirkt glaubwürdig, integer und zielstrebig – und übrigens erst dadurch auch nach außen kompetent. Dies gilt vor allem dann, wenn Sie in der Lage sind, Ihre Ziele verständlich zu vermitteln und mithilfe Ihres eigenen Enthusiasmus andere dazu zu bringen, Ihren Vorstellungen zu folgen. Charismatische Führungskräfte verstehen sich nämlich nicht nur als Verwalter des Bestehenden, die in erster Linie den Status quo aufrechterhalten, sondern als Schrittmacher des Zukünftigen.

Der Wirkung eines charismatischen Führungsstils wurde viele Jahre nur wenig Beachtung geschenkt. Dabei dürften insbesondere Qualitäten dieser Art den Zusammenhalt innerhalb eines Unternehmens stärken, die Motivation der Mitarbeiter erhöhen und ihre Loyalität stärken. Eine charismatische Führungskraft zeigt nicht nur persönliche Souveränität, sondern würdigt auch die Erfolge und Leistungen ihrer Mitarbeiter; sie formuliert Zielsetzungen für die Zukunft, entwickelt Strategien und hat die Fähigkeit, hierfür die richtigen Worte zu finden, um so bei allen Beteiligten das Bewusstsein einer gemeinsamen Mission zu bilden.

Das gelingt Charismatikern vor allen Dingen deshalb, weil sie ihre Mitarbeiter ganz bewusst miteinbeziehen, sich ihnen offen und aufrichtig interessiert zuwenden, ihnen ihre Wertschätzung zeigen, sie bei Schwierigkeiten unterstützen und die Erfolge mit ihnen gemeinsam feiern.

Charismatische Führungspersönlichkeiten wirken nicht abgehoben oder arrogant, verschanzen sich nicht in ihrer Führungsetage weit weg vom Mitarbeiter. Sie bleiben stets in Verbindung zu ihnen. Und die Mitarbeiter spüren, dass es im Unternehmen auch um ihre Belange geht. Sie wissen, dass sie sich auf die Arbeit ihrer Führungsriege verlassen können, dass diese ihr Vertrauen verdient und glaubwürdig handelt und entscheidet.

Das gibt den Mitarbeitern die Sicherheit und die Motivation, die sie brauchen, um mit persönlichem Einsatz an die Arbeit zu gehen und sich auch Problemen oder besonderen Herausforderungen zuversichtlich zu stellen. Ein solcher Führungsstil wirkt sich stets positiv auf die Leistungsbereitschaft und die Identifikation der Mitarbeiter mit dem Unternehmen aus.

Das alles gilt im Übrigen insbesondere in Krisenzeiten. Denn gerade während einer Krise entscheidet die persönliche Ausstrahlung einer Führungskraft mit darüber, wie gut diese gemeistert wird. Denn wer auch jetzt mit Charisma überzeugt und souverän agiert, erscheint als derjenige, der die Situation retten und das Unternehmen vor einem Desaster bewahren kann.

Das ist umso wichtiger, weil es in Krisenzeiten oft erforderlich ist, Veränderungen einzuleiten – und in vielen Unternehmen werden Veränderungen selbst in guten Zeiten mit Skepsis betrachtet. Gerade in solchen Situationen ist also mehr denn je Vertrauen in die Fähigkeiten der Führungskräfte gefragt – dieses Vertrauen zu wecken und aufrechtzuerhalten, wird vor allem der Führungskraft gelingen, die

Veränderungen selbst nicht als Gefahr betrachtet, sondern ihnen souverän entgegentritt, weil sie sie als Lösungsweg begreift. Wenn Führungskräfte dies ihren Mitarbeiter vermitteln und ihr persönliches Engagement unter Beweis stellen, werden sie auch in Krisenzeiten Vertrauen ernten und ein hohes Ansehen genießen. Wer hingegen seine Persönlichkeit hinter Zahlen und Fakten verbirgt, wird es schwer haben, den hohen Ansprüchen an eine erfolgreiche Führungskraft gerecht zu werden.

Bei all diesen Vorzügen charismatischer Führungskräfte liegt die Frage nahe: Was kann ich tun, um selbst mehr Charisma zu entwickeln. Die Antwort mag überraschen, doch tatsächlich ist es am wichtigsten, zu der eigenen Persönlichkeit zu stehen und gezielt die eigenen Stärken einzusetzen. Völlig zwecklos wäre es dagegen zu versuchen, in die Rolle eines Charismatikers zu schlüpfen und bestimmte Verhaltensweisen zu imitieren. Denn wenn es auch nicht ganz einfach zu beschreiben ist, was genau Charisma ausmacht – fest steht: Wer Charisma entwickeln will, kommt nicht umhin, zuallererst authentisch zu bleiben. Alles Aufgesetzte wirkt unnatürlich und uncharismatisch.

Doch es gibt auch gar keinen Grund, sich hier selbst irgendwelche Verhaltensweisen oder Eigenschaften anzudichten. Nutzen Sie ganz einfach Ihr eigenes Potenzial. Setzen Sie auf mehr Emotionalität, auf Ihre Fähigkeit, sich selbst und andere für Ihre Vorhaben zu begeistern. Arbeiten Sie an Ihrem Kommunikationsstil, und optimieren Sie Ihre rhetorischen Fähigkeiten, denn jede Führungskraft wird ebenso an ihren Worten wie an ihren Taten gemessen.

Charisma lässt sich nicht in der Art lernen wie eine mathematische Formel. Der Weg zu mehr Charisma hat vielmehr mit Persönlichkeitsentwicklung zu tun – und sich verstärkt dieser Aufgabe zu widmen, verspricht doppelten Erfolg: für Ihre Arbeit als Führungskraft und für Sie ganz persönlich. Sie können also nur gewinnen!

Über den Autor

Stéphane Etrillard ist internationaler Keynote Speaker und Executive Coach und zählt zu den meistgefragten und besthonorierten Top-Wirtschaftstrainern im deutschsprachigen Raum.

Der mehrsprachige Vortragsredner gilt als führender europäischer Experte für „persönliche Souveränität". Stéphane Etrillard, Kosmopolit französischen Ursprungs, lebt in der Kulturmetropole Berlin. In seiner Freizeit beschäftigt er sich leidenschaftlich mit Philosophie, Literatur und Klaviermusik und lernt mit großer Begeisterung das Klavierspielen.

Sein einzigartiges Know-how ist in den letzten 20 Jahren in der Beobachtung und Begleitung von über 25.000 Führungs- und Nachwuchskräften aus unterschiedlichsten Branchen entstanden. Zudem wurde er als Ausnahmepersönlichkeit unter die Top 100 Speakers aufgenommen. Mit seinen Privatissima im Bereich Rhetorik, Dialektik und Körpersprache, Diplomatie sowie Selbstvermarktung verhilft er seinen Kunden zu mehr Souveränität in allen Lebenslagen. Er steht einigen der angesehensten Familien Europas als Privatcoach mit Rat und Tat zur Seite. Zu seinen Coaching-Klienten zählen Manager aus Großunternehmen, Einzelunternehmer, mittelständische Unternehmer und Politiker sowie viele Menschen, die sich bei ihm neue

Impulse holen, um ihre Kommunikation noch souveräner und ihr Leben erfolgreicher zu gestalten.

Stéphane Etrillard zählt das Who's Who europäischer Unternehmen zu seinen Firmenkunden. Das Spektrum seiner Kunden erstreckt sich von innovativen Mittelständlern über DAX-Unternehmen bis zu global agierenden Konzernen. Bei den führenden Seminar- und Kongressveranstaltern zählt er zu den gefragtesten Referenten. In Zusammenarbeit mit Führungskräfte-Akademien und Seminarveranstaltern hat er Fach- und Führungskräfte von fast allen DAX-Unternehmen geschult.

2013 wurde sein Buch „Mit Diplomatie zum Ziel" im Wirtschaftsblatt in die Top Ten der deutschsprachigen Wirtschaftsbücher aufgenommen.

Durch zahlreiche Vorträge und Publikationen ist er einem breiten Publikum bekannt geworden. Er ist Autor von über 40 Büchern, Lehrgängen und Audio-Coaching-Programmen, die zu den Business-Topsellern zählen. Täglich lesen bis zu 30.000 Menschen seine Coaching-Impulse in den sozialen Netzwerken.

Seine Coachings und Seminare führte er bis jetzt in Deutschland, Österreich, der Schweiz, den Niederlanden, Belgien, Luxemburg, Irland, Frankreich, Italien, Spanien, Tschechien, Ungarn sowie in Russland durch.

Stéphane Etrillard hat in der Trainer-, Coaching- und Speakerszene seit Jahren eine Ausnahmestellung: Er gilt als eine der profiliertesten und geachtetsten Persönlichkeiten der Weiterbildungsbranche, ist und bleibt dennoch ein absoluter

Grenzgänger. Er wurde schon als „Meister der leisen Töne" bezeichnet, dennoch scheut er sich nicht, wenn nötig, eindeutig Position zu beziehen und klare Worte zu sprechen.

Aufgrund seiner Expertise wird er von der Presse oft angefragt, ist gerne gesehener Gast bei Podiumsdiskussionen und Talkrunden. Vielen ist er auch aus Rundfunk- und Fernsehinterviews bekannt.

Jedes Jahr organisiert er „Masterclasses" und „Masterclasses for Professionals", in denen er sein originäres Know-how an Unternehmer, Manager, Nachwuchskräfte sowie die neue Generation der Weiterbildungsbranche in komprimierter Form weitergibt.

Viele Persönlichkeiten des öffentlichen Lebens, mit denen er nicht wirbt oder nicht werben darf, ließen sich in den letzten 20 Jahren von ihm coachen.

In seinen Masterclasses steht Stéphane Etrillard seinen Klienten mit all seiner Expertise mit Rat und Tat zur Seite. Sie erfahren bewährte und praxiserprobte Strategien, die in keinem Buch stehen und die ihnen sonst niemand verraten würde.

Bereits seit vielen Jahren berät er auch Trainer, Coaches, Speaker zu Marketing- und Positionierungsthemen. Für alle Einzelunternehmer und Freiberufler, die richtig durchstarten wollen und sich als Erfolgsmarke langfristig positionieren möchten, hat er das Coaching-Programm *Unwiderstehlichkeitscoaching oder wider die Logik des Scheiterns* © entwickelt.

Dieses Erfolgscoaching wendet sich an Freiberufler, Berater, Coaches, Speaker etc., die erfolgreich werden und bleiben wollen und vor allem mit Leistungen am Markt auftreten wollen, die auch gekauft werden.

www.etrillard.com

Weiterführende Literatur:

Etrillard, Stéphane: **Charisma. Einfach besser ankommen. 55 Fragen und Antworten zum Mythos Charisma. Von grauen Mäusen und echten Persönlichkeiten.** Paderborn: Junfermann, 2010

Etrillard, Stéphane: **Mit Diplomatie zum Ziel. Wie gute Beziehungen Ihr Leben leichter machen.** Offenbach: Gabal, 2013

Etrillard, Stéphane: **Gesprächsrhetorik. Souverän agieren – überzeugend argumentieren.** Göttingen: Business Village, 2005

Etrillard, Stéphane: **Prinzip Souveränität.** Zürich: Midas Management Verlag, 2014

Etrillard, Stéphane: **Fair zum Ziel. Strategien für souveräne und überzeugende Kommunikation.** Paderborn: Junfermann, 2014

Etrillard, Stéphane: **Auftritt und Wirkung. Souverän überzeugen – im kleinen Kreis und vor großem Publikum.** Paderborn: Junfermann, 2015

Aktuelle Seminare
mit Stéphane Etrillard

CHARISMA UND SOUVERÄNITÄT

Mit Erfolgsrhetorik in Reden und Präsentationen noch besser überzeugen

SOUVERÄNE DIALEKTIK UND KÖRPERSPRACHE

Sicher und selbstbewusst in Gesprächen und Diskussionen

RHETORIK UND DIALEKTIK PREMIUM

Mit Souveränität und Überzeugungspsychologie gewinnend kommunizieren

MIT DIPLOMATIE ZUM ZIEL

Smart statt hart – Die sechs Schlüssel für Ihren diplomatischen Kommunikationserfolg

VERKAUFEN IST EINFACH

Die Geheimnisse der Verkaufssouveränität

VIP-CRASH-COACHING:
RHETORIK – DIALEKTIK – KÖRPERSPRACHE

Das erwartet Sie in den Seminaren:

- Sie lernen, vor Gruppen souveräner aufzutreten.
- Sie lernen, wie Sie mit Ihrem Lampenfieber souverän umgehen.
- Sie lernen Überzeugungsstrategien, mit denen Sie fast jeden motivationsgerecht überzeugen.
- Sie holen sich bei einem Profi den letzten Schliff für Ihre Verhandlungen.
- Sie lernen, entschlossen zu kommunizieren.
- Sie vermeiden Konfrontationen mit Ihren Gesprächspartnern.
- Sie lernen, auch in kritischen Situationen, selbstsicher zu agieren und souverän zu bleiben.
- Sie setzen Ihren Standpunkt trotz Widerstand durch.
- Sie lernen, sich besser zu verkaufen.

Wenn Sie im Bereich Souveränität und Rhetorik sich persönlich weiter entwickeln und beruflich weiterkommen wollen, sind Sie bei Stéphane Etrillard an der richtigen Adresse. In Kleingruppen und durch intensives Üben erhalten Sie sofort anwendbares Praxiswissen und hilfreiches Feedback, mit dem Sie Ihre Stärken ausbauen können, egal, wo Sie heute stehen.

Seminartermine und Seminarbeschreibungen unter:

www.etrillard.com
www.topperformance.de